U0659967

高校公共管理学教学发展研究

邓丽平　著

中华工商联合出版社

图书在版编目（CIP）数据

高校公共管理学教学发展研究/邓丽平著. --北京：
中华工商联合出版社，2022.12
ISBN 978-7-5158-3438-2

Ⅰ.①高… Ⅱ.①邓… Ⅲ.①公共管理－教学研究－
高等学校 Ⅳ.①D035-0

中国国家版本馆 CIP 数据核字（2023）第 000331 号

高校公共管理学教学发展研究

作　　者：	邓丽平
出品人：	刘　刚
责任编辑：	李红霞　孟　丹
装帧设计：	程国川
责任审读：	付德华
责任印制：	迈致红
出版发行：	中华工商联合出版社有限责任公司
印　　刷：	北京虎彩文化传播有限公司
版　　次：	2023 年 12 月第 1 版
印　　次：	2023 年 12 月第 1 次印刷
开　　本：	710mm×1000mm　1/16
字　　数：	248 千字
印　　张：	11.5
书　　号：	ISBN 978-7-5158-3438-2
定　　价：	68.00 元

服务热线：010-58301130-0（前台）
销售热线：010-58302977（网点部）
　　　　　010-58302166（门店部）
　　　　　010-58302837（馆配部、新媒体部）
　　　　　010-58302813（团购部）
地址邮寄：北京市西城区西环广场 A 座
　　　　　19-20 层，100044
http：//www. chgslcbs. cn
投稿热线：010-58302907（总编室）
投稿邮箱：1621239583@qq. com

前言

公共管理学是公共管理一级学科的核心课程，同时也是公共管理专业学生的一门必修课程，在整个公共管理学科知识体系中处于十分重要的地位。公共管理学不仅具有较强的理论性，还具有非常强的应用性。公共管理学在专业培养目标中的定位是：培养德智能体诸方面全面发展，能在政府部门及非政府公共机构从事公共事务、公共管理和公共政策研究与实务的应用型和复合型人才。通过公共管理学的学习，学生不仅能牢固掌握公共管理学的基础理论知识，深入了解公共管理的具体实践和改革发展趋势，而且会独立思考和解决公共管理实践中遇到的问题。

公共管理学科在内容上具有交叉性和综合性特征。公共管理学与管理学、政治学、经济学、法学、社会学和心理学都有密切的联系，在内容上有不少相通之处。从这个意义上说，公共管理学是一门综合学科。为此，公共管理学必须在坚持学科内核的基础上，广泛地吸取和利用其他相关学科的知识和研究成果，从而逐步完善学生的综合知识体系，从而培养和提高学生解决公共管理领域实际问题的能力。公共管理是一门应用性较强的学科，只有将所学理论与实践结合才能体现其意义。

本文对公共管理大类课程的课堂教学、理论和实践结合、课堂互动及考核模式等方面提出了建议，构建了符合公共管理专业特点的创新型课堂教学模式，以期能培养创新型公共管理专业人才。

本书由五部分组成。第一部分介绍了多种教学模式在高校公共管理学教学中的应用，如多元双主型教学模式、互动式教学、PBL 教学法，等等；第二部分介绍了高校公共管理学课程的案例教学应用；第三部分对高校公共事业管理专业教学质量保障体系进行了研究；第四部分进行了公共管理学课程体系的质量保证研究；第五部分探讨了高校公共管理学课程体系预评价指标与运行机制。

本书在编写过程中，参考了大量书刊与文献资料，主要参考书籍已在参考文献中列出，但疏漏在所难免，在此对参考引用的书刊文献作者表示衷心的感谢。由于本人水平所限，书中若有错误或不妥之处，恳请广大读者批评指正。

作　者

2022 年 1 月

目 录

第一章

高校公共管理学教学模式的应用

第一节　多元化双主型教学模式在公共管理学教学中的应用

公共管理学是高校公共管理类专业的主干课程，是研究以政府为主体的公共部门的管理活动及其规律的学科，具有较强的实践性和应用性。

一、多元化双主型教学模式在公共管理学教学中的应用及效果

"多元化"是指教学方式方法上的多元化，在教学过程中使用现代化教育技术手段，采用讨论式、启发式、研究式、案例式等多种教学方法。"双主型"即强调教学过程中教师、学生应分别为"教"和"学"的主体。在"双主型"教学中，教师成为主导力量，由知识的传授者变成学习的指导者和促进者。学生处于学习的中心地位，真正成为学习的主体。"双主型"教学模式的实施，是建立在"多元化"教学方法的基础上的。

（一）采用小组讨论的方式进行教学

高校基本上是两个小班合班上课，有时甚至四个小班合班，人数众多课时紧张，所以，在开展公共管理学课程的教学时，以小组为单位开展讨论式教学方式最为合适。首先，教师根据本课程的特点和内容设计讨论的选题，选题尽量贴近社会实际，才更能激发学生讨论的兴趣。其次，将学生以5~6人划分为一个小组，以小组为单位在课后搜集相关资料进行讨论、分析并形成共识；最后，综合小组讨论结果在课堂上以PPT形式进行成果展示和分享，教师和其他学生可就其研究成果进行点评、提问和质疑，实现师生之间、学生与学生之间的互

动交流。

（二）利用网络资源进行教学

随着信息时代的来临，网络资源发挥着越来越大的作用，它是多元化双主型教学模式实施的基础和平台。公共管理学课程主要是研究政府部门的管理活动的，现在政府部门都建立了自己的门户网站，网络上会及时发布和更新公共管理信息，可以通过网络获取大量的资料和素材。高校公共管理类的电子图书、期刊，名校提供的公共管理学课程精品课程及精品视频公开课之类的教学资源，也大大方便了师生的查阅、参考和应用。除此之外，高校还鼓励教师自主开发本课程的教学资源，建立了公共管理学课程精品课程网站，公开了课程信息、教学课件，建立并不断更新公共管理学课程案例库、试题库，并提供在线讨论和答疑等教学活动。它为学生创造性地提供了多途径、多方式学习知识的开放式教学环境，提高了学生参与教学的积极性、主动性，也丰富了教师的教学方式，保证了教学手段的现代化。

（三）开展校府合作的实践教学

传统公共管理学课程的课程教学重理论、轻实践，实践教学难以满足不同层次、不同学生需要及社会需求。特别是缺少固定的实践教学基地，给高校的教学带来了极大的困难。因为公共管理学课程的特殊性，主要是为政府机关培养人才，因此，高校公共管理学课程积极探索实践教学法，特别是初步建立起了校府合作的实践教学模式。由高校出面负责联系了部分国家政府机关或事业单位，与他们达成合作意向，逐步建立起固定的实践教学基地。在实践中，除了公共管理学教师全程跟进指导外，高校还聘请了政府部门的负责同志为实践导师，给学生提供业务上的指导和帮助。在教师的指导下，学生自主完成整个实践环节，这不仅可以让学生将课堂上学到的理论知识运用到实践中，还为他们将来的就业打下了基础，做好了准备。这种合作机制目前还处于初步交流阶段，有待在今后的实践中进一步深入开展。

学生课程结束以后，采用问卷调查、访谈等方式进行了教学效果的调查。调查结果表明，相对于传统教学模式来说，多元化双主教学模式更能活跃课堂气氛，加强师生互动交流，提高学生的学习兴趣和参与度。同时，对教师教学的认可度和满意度也得到了提升。从最终的课程考核成绩来看，学习效果也是较为明显的。

二、多元化双主型教学模式在公共管理学教学中应用的思考与建议

（一）积极转变教师和学生的角色

要想使多元化双主型教学模式能够得到很好地实施，公共管理专业的教师和学生首先应积极转变自身角色。对教师而言，教师的角色发生了明显的变化，知识的传授者变成了学习的指导者和促进者，指导学生、促进学生主动建构知识，这就要求教师应注重和学生双向性的互动。尤其是公共管理学这样的实践性、综合性很强的学科，更需要教师切切实实与学生进行探讨，指导学生进行具体实践操作。对学生来说，不再是被动地学习，而是自发地主动学习。他们就要克服自身的惰性思维，改变传统的学习习惯和方法，以自我学习、自我成长为主，独立思考，主动发现并掌握相关知识，不断完善自我和发展自我。

（二）提高师资队伍的多元化双主型教学模式的应用能力

多元化双主型教学模式对公共管理学课程师资队伍的教学理念和教学能力提出了更高的要求，除了知识讲授外，他们还需设计教学活动，创设教学环境，合理设置教学内容，选用恰当的教学方法和手段。这就需要高校进一步提高师资队伍的多元化双主型教学模式的应用能力。

一方面，可以通过派遣公共管理学课程组教师出国进修、访问，参加国内公共管理学教学科研学术交流活动，来学习借鉴国内外各大

高校在多元化双主型教学模式上先进的经验，推进多元化双主型教学模式的实施。另一方面，我们可以依托公共管理学课程的教学来实践多元化双主型教学模式，不断积累经验，调整和改进教学方法和措施。

总之，在公共管理学课程教学中，多元化双主型教学模式的应用具有十分重要的意义，能够解决传统教学模式带来的困境，对学生自主学习能力的培养、教师教学能力的提高都有实际效果，并能实现公共管理教育理念、方法和手段的创新，为我国培养更多合格的公共管理人才。由于公共管理学课程的特殊性质，多元化双主型教学模式在实施的过程中还存在着一些问题，为此，高校在公共管理学课程的教学过程中将继续努力实践，积极探索。

第二节　互动式教学在公共管理学面授教学中的应用与思考

随着经济和社会的发展，国家加大了在教育方面的投入，因此依托于计算机网络、卫星电视等现代传媒技术，以及运用文字教材、音像教材、多媒体课件、网络课程等多种媒体进行远程教育的开放性的电大得到普及与发展。多媒体网络教室将视听教学媒体有效地结合在一起，为实现电大面授教学中开展互动式教学创造了可行性。公共管理学作为一门理论性和实践性较强的专业性基础课，其教学的开展离不开互动式教学。在分析互动式教学的概念、特点及重要性的基础上，对互动式教学在公共管理学面授教学的应用进行了分析及思考。

作为管理学科专业性基础课程的公共管理学，其具有较强的理论性和实践性，将"如何在学习和工作中灵活运用管理的思想"作为本课程主要的培养目标。在此基础上，传授学生基础理论与培养学生实践能力将是公共管理学教学的重中之重。当前，教授法、演示法是传统电大教学模式中主要运用的教学模式。例如，一般情况下，教师主要是进行讲解、板书等教授，角色设定为演员；学生则是听讲并伴随记录笔记的行为，角色设定为观众。随着时间的推移，"满堂灌"的教学方法由此产生。但是，教师单单依靠传统的教学方法开展课堂教学并不能达到公共管理学的教学目标，也无法培养出适应社会发展的合格的管理专业人才，这主要是因为学生对相关的管理实践背景知识不甚了解，无法调动学生学习的积极性、主动性、探索性。同时，缺乏课堂互动在一定的程度上制约了学生应用能力的培养和主体地位的发挥。

伴随着互联网渗透到社会的方方面面，以及多媒体技术的迅速发展，电大传统的教育模式受到了巨大的冲击，使之发生了深刻的变革，互动式教学如雨后春笋般在国际教学课堂上出现。当前，国内许多电大都在对互动式教学模式进行积极的探索、研究以及实践，并且取得了显著的成效。互动式教学对于提高公共管理学的综合课堂效益产生了深远的影响，而且对传统面授的教学思想和教学理念进行了全面地升级，同时也对教师与学生、教授与学习之间的关系进行了改变，对研究性学习与自主性学习有促进作用，这对于创新型与实践型人才的培养提供了有效途径，也为公共管理学教学日后的发展指明了方向。

一、互动式教学的概述

（一）互动式教学的概念

互动式教学，即通过营造多边互动的教学环境，在教学双方平等交流探讨的过程中，达到不同观点的碰撞交融，进而激发教学双方的主动性和探索性，达成提高教学效果的一种教学方式。它是"教"与"学"二者相互促进的新模式，也是促使师生一起参与课堂教学的新模式。"互动"有两个层面的解释：一是要求教师对整个课堂教学具有主导性；二是要求发挥学生在整个课堂教学中的主体作用，这主要是因为作为课堂主体的学生能够充分发挥自己潜意识里的能力。简单地说，教学活动是以学生为中心的，为学生"学习"而服务的配套设施有教学方法、教材，乃至教师。教师要引导学生把自己当作教学活动中的主体，积极投入到教学活动中，也就是要求学生做到把"学"当作重心，要求教师为"学"而教。通过互动式教学为学生的基础性理论学习与社会实践之间架起一座桥梁，使学生可以提早地感受到管理实践的魅力，可以更加快速地融入社会，成为一名优秀的管理人才。

（二）互动式教学的特点

1. 营造了活跃的互动环境

随着多媒体技术的发展，互动式教学将课堂教学赋予生动化、形象化，为学生营造了一个互动的环境，让学生参与到课堂活动中成为活动角色的扮演者，从而在互动环节中可以交流想法，彼此间相互学习、提高。

2. 教师提出问题，学生探讨答案

传统面授教学方法的目的是通过课堂的灌输式教学使学生获取更多的知识，从而在培养学生创造性思维能力等方面存在不足。互动式教学法的目的是培养学生的创造性思维，教师通过对某一知识点进行启发、设疑，鼓励学生积极地进行独立思考，对迷茫的地方可以质疑、提问、阐述，同时也要对学生得出的合理性观点给予分析、肯定，提高学生在互动中的积极性、主动性及自信心。

3. 教师主导教学，学生是教学主体

与传统的面授教学的单向性相比较，互动式教学是双向互动、多向交流的一种全新升级版教学法。一方面，教师通过自己特有的教学方式对学生进行影响，目的是提高学生学习的积极性；另一方面，学生学习的积极性、兴趣反方向作用于教师情绪，从而提高教师对于教学的热情，最终达到理想的教学目标。

（三）互动式教学在面授中的重要性

多媒体技术应用于教学是从多媒体计算机进入教育领域开始的。

计算机不仅具有多媒体演示功能，而且可以对文字、声音、图形、图像、视频等进行处理，还具有人机交互功能，因此计算机很快成为人们青睐的多媒体教学设备并迅速普及。互动式教学在公共管理学面授教学中具有重要性，具体的内容可分为以下几方面。

1. 有利于营造良好的学习气氛

培养学生可以使用学习到的公共管理学理论去开展实践活动是公共管理学教学的首要目标。运用计算机、视频、图像等多媒体设备可以为学生创造管理实际环境，通过模拟情景等互动式教学可以真正实现以学生为主体的教学模式，从而可以让学生在模拟情景中复习旧知识，并学习、巩固相关新知识，实现管理理论与实践真正的结合，让学生加深印象并受益匪浅。

2. 有利于丰富课堂内容

互动式教学使教师不再为繁重且单调的课堂讲解而苦恼，深入了解学生的学习兴趣、学习目标、学习能力以及学习习惯等方面将占用教师更多的时间与精力，由此可以得出第一手资料，便于开展下一步教学计划、授课内容，以及实施个性化教学。教学模式已过渡到研讨型模式，教学的主体和教学活动的中心是学生。

3. 有利于提高学生的学习兴趣

互动式教学可以让面授课堂变得具体、富有感染力、生动，这主要得益于计算机等多媒体设备可以提供图像、图形、声音、视频等丰富的学习材料。这能调动学生的好奇心，活跃学生的思维，便于学生理解授课内容以及加强记忆。在多媒体环境下，利用互动式教学，学生不再面对呆板、枯燥的板书，而是可以听到具有感染力的声音和生动的画面，最终可以激发学生的兴趣。

二、互动式教学在公共管理学面授教学中的应用

公共管理学是一门应用性与实践性较强的课程，互动式教学在公

共管理学面授教学中的应用主要有如下几种模式。

（一）提问教学

教师主要通过预习大纲向学生提问重点内容，学生通过自学解决问题以此开展互动式教学。教师要了解学生目前所属的水平以及个体差异化，然后根据公共管理学的课程内容及特点，认真准备预习大纲，所设计的问题能调动学生的兴趣，在自学的过程中能激发学生质疑、释疑的思维，这样可以让学生带着好奇和问题去预习课本内容，同时也可以从网络上查阅有关的资料。例如，讲《公共管理的责任与控制》的内容时，教师可以罗列出以下自学提纲：为什么要进行公共管理控制？公共管理存在哪些问题？如何有效地对公共管理进行控制？

（二）专题讨论教学

互动式教学是开放式的，对学生的讨论内容不设限制，故得到的答案也是五花八门，即使同一个案例或问题得到的看法也是各种各样。采用专题讨论教学模式可以使学生了解更多相关专题知识，该教学模式的过程具有方向性、连续性、系统性的特点。专题讨论教学模式包括以下几个模块：①选题（主要是与公共管理学有关的内容）；②安排学习计划；③对选题进行信息与资料的搜集；④分析与总结信息资料；⑤汇报学习成果；⑥对汇报成果进行交流。此时需要教师进行总结点评，从而让学生加深对公共管理学知识点的理解。

（三）作业学习

这种教学模式主要涉及的子模块有：作业中问题的反馈，对作业症结的分析，对于作业中问题的讨论总结等。这些子模块都是在学生提前自主性地完成了一定的作业量，同时教师也对作业进行了批改，以及将批改结果通过 BBS、E-mail 等形式反馈给学生的基础上进行开展的。师生可以在民主、互动、和谐的氛围中，共同找出作业中存在的难点、疑点，通过共同分析与研究解决作业中学生存在的问题。

三、互动教学法在公共管理学面授教学中应用的思考

（一）提高教师自身的素质

随着科学技术的迅速发展，互动式教学对教师的要求越来越高，它既要求教师掌握丰富的教学理论知识，同时也要掌握多媒体技术的运用操作技能。计算机是互动式教学必不可少的条件，教师的计算机运用水平对互动式教学具有至关重要的作用。教师要积极参与公共管理学课件的制作，这样可以便于发挥其教学技能，达到良好的教学效果。

（二）坚持学生主体性原则

教学过程中，教师要充分调动学生学习的积极性。坚持学生主体性原则，鼓励学生进行自主性学习，使之成为课堂教学的主人，给予其发言的自由权、参与的主动权。同时，教师要在公共管理学面授教学中鼓励学生质疑问难，并且积极进行解答。

（三）促进课程内容与多媒体技术的结合

互动式教学可以说是对学习资源的深刻变革，这主要体现在学生的学习方式、教师的教学方式，乃至教师与学生和学生与学生之间的互动方式。教师可依托多媒体技术展现公共管理学的内容，学生依托多媒体技术进行学习成果的展示和观点陈述。互动式教学要求教师加强教学设计环节，多媒体设备要变成促进学生认知的工具、情景模拟的工具、课堂互动的交流工具，以此扩展师生在课堂上互动交流的空间与时间，提高互动式教学的效率。

（四）缩小课堂互动差异性，采用多维课堂互动教学

课堂教学师生互动的差异性主要表现两个方面：一是教师和不同空间位置、不同水平学生互动的差异性；二是在教师和学生群体互动、学生个体互动比例的差异。互动式教学要求传统的灌输传授向自主参

与的互动式教学转变。师生之间的互动模式主要有"多对多模式""一对多模式""一对一模式";生生之间的互动模式主要有层级模式、星型模式、网状模式、环型模式等。

要使互动式教学在公共管理学面授教学中可以得到很好的应用，这需要教师在教学过程中营造良好的学习环境，调动学生学习的积极性，使学生真正能够"动"起来。首先，互动式教学需要教师与学生建立一种平等、协商、民主的关系，使教学活动在宽松、和谐的环境中进行，师生之间可以相互启发、共同探讨和提高。其次，教师要给予学生发言的自由权，允许学生随时质疑，甚至可以在教师讲课过程中提出问题，教师要耐心、认真回答学生的问题。最后，教师对于学生的不同见解和不同观点也应虚心接受。这样，才能真正体现公共管理学教学中互动式教学的意义，充分体现学生的主体地位，使教与学相互结合、和谐发展。

第三节　基于 PBL 教学法的公共管理学教学改革研究

PBL 教学法是一种教育范式的革新。PBL 教育理念是指以成果为目的的一种能力导向教育理念。基于此种理念，教师应调动学生参与的积极性，创造和设计丰富的学习环境，以实现从"教师为中心向学生为中心"的学习主体的转变，达到全面培养学生自我学习、团队合作、探索知识的能力。

一、问题式学习的缘起与概念

（一）定义

PBL 简称问题式学习，是 20 世纪 50 年代起源于医学教育领域的一套完整设计学习情景方法。PBL 教学法是以学生为主体，以提升学生能力为目标的教育方式，此种教学方法已经在国际上获得较高的知名度。具体而言，PBL教学法是以培养学生能力为核心目标、以问题为基础、以教师作为导向，并带动学生积极性和主动性的一种教学方式。

PBL教学法与传统教学法的差异在于其强调任务性和问题意识，而传统的教学法则主要是通过教师的口头讲授。PBL教学法主要通过制定和设计真实的学习任务，将学习与解决问题挂钩，让学生投入问题的解决中，通过对问题的自主性探索和团队合作解决问题的方式，获得科学知识，并塑造和培养自身发现问题、解决问题和获得知识的能力以及敏锐力。

PBL教学法不同于案例分析法，主要表现在三个方面：其一，PBL教学法更注重学生自我解决问题的能力和研究问题的过程，而案例分析法是在教师已经讲授了课程的相关知识，学生根据掌握的相关知识，通过案例解析的方式进行知识的理解和巩固的一种学习方法。其二，PBL教学法注重团队合作解决问题，即学生、教师与专家成员在一个真实的情况下对问题进行团结协作，一同寻找解决方案的过程。在这个过程中，教师发挥的是指导性作用，进而能极大地提高学生解决问题的能力，而案例分析法在无团队合作的情况下也可进行。其三，PBL教学法要求学生要提供一套可公开分享的"成品"，即解决问题的可行性方案，其作为课堂的学习成果呈现。而案例分析法仅要求学生用学习到的知识对某个案例进行剖析，不要求学生在此基础上进行新一轮的创新实践。

（二）基本要素

PBL教学法的基本要素有以下几点。其一，问题导向。作为以问题为驱动导向的教学方式，其主轴是以问题为核心教学点。其二，真实性。PBL教学法中涉及的问题都必须是学生在其专业领域可能遇到的"真实"问题。因此，所设计的问题属于非结构化也没有固定的解决方案，解决的方法靠学生自主探寻。其三，自主性。PBL 教学法注重学生的自主性和团队合作能力的培养。在解决问题过程中，教师主要负责讲授技巧，而学生需要自主承担学习的责任，并对自我学习进行自我评价和小组评价。

（三）教学思路

PBL 教学法的教学思路为：教师提出问题——学生自主查找资料——学生进行分组探讨——得出最优答案——教师总结与点评，而 PBL 教学法的教学思路大致分为四个部分。首先，为了提出合适的问题，教师需要在上课前查阅课程有关的文献、教材与资料，进行整合提出问题并发给学生。其次，学生需要根据教师给出的问题查阅相关资料，分小组进行讨论，并给出问题的最终解决方案，学生的最终讨论成果将通过课堂展示呈现。最后，教师根据学生对资料的阅读和问题的解决方案以及结果呈现进行补充和点评，并对学生存在的不足之处做出总结。

（四）优势

PBL 教学法的优势有以下几点。其一，PBL 教学法相对轻易获得来自各方提供的可靠信息，并能为学生营造轻松、主动的氛围，让学生能主动积极并充分表达自身观点。其二，由于 PBL 教学法的自主性特点，可以巩固和加深学生对理论的正确认识，教师也更容易通过学生的表现发现其存在的问题，同时此方法更利于学生发现新问题，创新解决问题的方法。其三，PBL 教学法在一定程度上可在多方面提升学生寻找资料、学习资料、自主获取新知识，以及口头表达和进行逻辑推理的能力，这对学生未来在专业领域的实践工作将非常有利。

PBL 教学法创新了教学领域"被动式"教学的固有方式，教师和学生的角色突破了以往的"教师主讲、学生参与"的模式，形成了"学生为主体、教师是关键、课堂气氛是灵魂"的教学思维。此外，教师的身份也重新获得定义，即从学生的"知识库"转变成学生知识探寻的向导、促进者和信息咨询者。因此，相较于传统教学法，PBL 教学法更能激发学生的潜力和学习动力，从而提升学生创新、自主学习和团队协作的能力。

二、基于公共管理学教学的 PBL 教学法必要性分析

（一）拓宽学生的知识面

由于 PBL 教学法需要学生在解决问题的过程中进行知识的搜索，因此为获取解决问题的方法，学生需要去查阅文献、书籍以及各类与问题相关的课外资料，并将搜寻到的资料进行整合形成最佳的问题解决方案。在此过程中可以快速拓宽学生搜集学习资料和自我学习的能力。对于提升学生的实践能力，改变学生的学习方式有极大的意义。

（二）培养学生的综合能力

PBL 教学法提升了学生的归纳总结能力、搜集资料能力、自我学习能力、自我解决问题的能力以及社会实践和动手能力。PBL 教学法通过要求学生以解决问题为目标，培养和提升了学生的综合能力，相较于传统的教学方法，其更能快速提升学生的综合能力，这不仅达到学生获取知识的目的，也提升了学生的综合素质。因此，PBL 教学法对于突破学生"动脑不动手，学习不实践"的现状有极大的作用。

三、基于 PBL 教学法的公共管理学教学改革策略

（一）设置与教学内容相关的情境

公共管理学是一门理论知识丰富的课程，若单凭教师的口头传授，学生在理解与把握上难度较大。PBL 教学法通过将问题式学习的方式融入教学中，使其固有的教学场景设计极大提高了教学质量。在公共管理学教学过程中，教师可将行政管理专业相关知识与时事热点进行无缝隙融合，在对专业知识进行全面分析的情况下，设计合适的场景，

抛出相应的问题，让学生主动参与到问题的解决中。

通过问题解决的方式，激发学生的学习热情和学习兴趣，也更能加深学生对知识的巩固以及拓展学生的知识面。

（二）创设学生积极参与的课堂氛围

PBL 教学法要求学生具有较高的积极性和主动参与的意愿。由于其问题驱动的教学要素，要求学生在得到问题后自主参与资料的搜集、讨论，自主对文献和资料进行消化后探讨出最优方案。公共管理学这门课程属于导论性质，其中很多章节如人事行政、领导科学、政府公共关系学、行政伦理学都可以作为一门独立的课程。毋庸置疑，主动参与、积极收集资料、喜欢发言的学生能积极承担学习任务，达到良好的预期教学效果，对于这部分学生教师应予以积极鼓励。而对于仍习惯传统教学模式的学生，需要教师在教学设计与实施中充分考虑学生的学习兴趣和个性特征，努力创设宽松融洽的学习气氛，以建立和谐的师生情感，充分调动每名学生参与课堂活动的积极性，使学生愉快地学习，主动地参与到教学环节中来。

（三）为学生提供多学科学习素材

PBL 教学法基于某一个问题或者某一个项目实施开展，但并不局限在某一个特定的专业或者行业里。作为研究与学习主体的教师与学生，在真正地钻研某一个问题或某个领域时，须与时俱进，注重多学科知识的交叉融合。因此，在 PBL 教学应用于公共管理学课程时，教师应当为学生提供更多的学习素材，鼓励学生在思考问题、分析问题时，能够积极主动地进行跨学科、跨领域的知识融合，交叉研究，尝试着将不同学科的思维方式与知识内容等引入到特定的问题与项目研究中，使学生能够拥有较为宏观的视野，较为深刻的学科认知和较为全面的学习心态。

（四）提升教师教学素质与教学技巧

在教师层面，PBL 教学法对教师知识面、教学技巧和分析能力要求较高。运用 PBL 教学法时，教师须具备公共管理专业知识并对课程内容有熟练的把握，了解学生的学习能力和教学范围，将学习的重点和难点进行剖析，选择合适的例子并从中有针对性地提出问题。此外，教师须具备组织管理和协调能力，在学生对问题进行方法探索时要适当教授技巧和把握课堂节奏。同时，教师还须具备调动和激发学生积极性的能力、敏锐的观察能力以及总结归纳能力，在学生探索问题和搜集资料时及时给出指导意见以及探索技巧，并在学生提出方案后进行归纳分析。

（五）激发学生的主动性与学习热情

PBL 教学法的实施改变了以往的"填鸭式"教学模式。学生的积极配合是整个教学过程中不可缺少的动力因素。PBL 教学法要求学生主动学习公共管理学课程的相关知识，积极搜索和查阅文献，形成小组团队协作以及知识公开分享，对问题积极进行自我探索和自我反思，进而寻求出解决问题的最优方案。所以，这也要求学生迅速转换角色，从被动转为主动，积极参与课堂学习和问题讨论，从自身出发，成为学习的主人。

第四节　基于翻转课堂模式的公共管理学教学标准设计研究

公共管理学是运用多学科理论与方法专门研究公共组织的管理活动及其规律的学科群体系，对于提高学生的专业素养和综合能力具有基础性作用。本研究立足于学生主体，基于翻转课堂模式进行教学标准设计，并与计算机技术相结合，以增强学生对公共管理学的兴趣，提高课程参与度，探索公共管理优质人才的培养模式，为相关课程的建设提供参考。

对课堂模式和教学方式的改革，是现阶段成本最低、效果最直接的方式。课堂作为连接教师与学生的第一场所，如果能够适用合适的教学方式，将会对课程的进行产生积极的推动作用。基于翻转课堂模式进行公共管理学的教学标准设计，可以改变传统上学生单一、被动的学习方式，增加学生的参与度，不断培育和增强学生在学习过程中的主体意识。

一、建设标准化理念与思路

注重培养学生的管理学专业能力和综合素质，通过教师对公共管理学相关概念的讲述，扩充学生的知识面，丰富和完善理论体系，深化对专业、学科的认识，锻炼批判性思维。

要坚持学生体验动态的、可塑的、个性化的学习过程。在课堂上注重培养学生的创新精神和思辨能力，深化其对课程、专业和学科的认识和理解，促进学生形成用专业理论分析和解决公共问题的能力。改变学生在学习中死记硬背、机械记忆的现状，突出"深度学习"，既重视学习过程，也重视产出与质量。

在教学方案的设计中，尤其突出塑造学生的以下能力：第一，批判和质疑能力。有自己的独立思考。第二，知识整合能力。善于将学过的知识点按照大纲脉络整合成自己适用的体系。第三，自我反思能力。对于出现过的错误能够及时总结不足，加以改进。第四，知识迁移运用能力。善于将理论知识与实践操作相结合，在实际案例中活学活用。除此之外，更要倡导学生在课堂上积极参与、主动与他人探究合作，在具备基本学科素养的同时有良好的合作能力和环境适应能力，打造符合时代发展的创新型、复合型管理人才。

二、建设途径

（一）引入现代化的教学系统

将课堂与大数据技术相结合，构建两个计算机软件辅助课堂教学，包括自动化课程管理标准系统和基于大数据的总成绩自动生成系统。通过两个系统结合运用，可以让教师备课授课、批改作业、成绩评定更为便捷，也可以提升学生在课堂上课和课程学习中的参与感。

（二）合理地选择考核方式

成绩评定方式的选择摆脱传统上的固定性，平时成绩不仅由教师决定，也充分听取学生的意见，教师每年根据实际情况的变化在成绩自动生成系统中选定合理的考核方式，并分配适当的平时成绩和考试成绩的比重，同时开放学生互评，提升学生在成绩评定中的参与度。

（三）丰富学习资源

挖掘更多的优质辅导资源，教师和学生可以在自动化课程管理系统中共同分享，相互交流，将有利于课程学习的资料分享，学生在课前课后也能充分学习，不仅仅依赖于课堂上的听课，进而拓宽学习渠道。

（四）增加师生间的高效互动

两个系统通过师生端互连，拓宽教师和同学们的交流渠道，让师生间关于课程的信息交换更为便捷，有利于教师在课程推进中及时了解情况，解决问题。

三、教学系统描述

（一）自动化课程管理标准系统

基于此系统，学生可以了解教学目标、掌握教学信息、获取教学资源。软件运行采用"翻转课堂"的模式，教师可以通过系统分享与教学有关的信息，学生可以在课前自主浏览课程资料，做好预习和准备，促进课堂授课、课程参与的高效化，提高教学的目的性。系统可以建立起学生间、师生间信息交流的机制，便于进行问题探讨，鼓励所有同学的加入，同时也可以及时评价课程内容，调整进度，最大化地方便同学的学习，让学生成为课堂的主导。

标准化系统包括教师端和学生端两个入口，各自凭账号和密码登录。

在教师端包括六个界面。

（1）学生信息界面：教师可以通过此系统获取本学期各班学生名单，也可以了解小组作业中的分组情况并进行学生花名册的打印。

（2）教学目标界面：通过此版块教师可以结合教学大纲发布课程每章节的授课内容提要，在每堂课前发布，方便学生提前了解课程内容，同时教师可以基于此掌握上课的进度，灵活地调整课程时间分配。

（3）资源发布界面：教师可以在此发布课程学习的资源，包括课件、相关阅读资料、优质慕课以及公共管理案例习题库等。此部分是"翻转课堂"的重要组成部分，学生在课前自主预习后，可以提前在相互间进行交流沟通和思想碰撞，提出问题，并在课堂与教师集中解决，这样可以促进课堂授课的针对性，提高效率。

（4）教师笔记界面：教师可以记录上课时学生提出的问题，以及学生在案例探讨中提到的值得关注的观点，甚至是自己在授课过程中的新发现，起到备忘录的作用。

（5）教师信箱界面：教师可以通过此界面接收学生对于课程各方面的反馈，便于及时了解在每节课授课过程中学生的问题，获取学生对于课程的需求，并通过回信进行交流。同时也可以接收学生通过学生端提交的个人作业或小组作业。

（6）课程要求界面：教师在此界面发布课程考核详细情况，包括平时成绩和考试成绩的各项指标，作业的要求，以及每个章节授课时的重点学习内容和思考内容，给学生的自主学习指引一个明确的方向。

与教师端相对应，学生端也有六个界面。

（1）个人信息界面：在课程开始前，学生通过此界面自主完善个人信息，包括姓名、班级、学号等，可以保存或修改，完成后系统锁定个人信息并同步到教师系统，方便教师查看。

（2）课程要求界面：学生可以在此查看教师端发布的公共管理学课程考核方式和要求，也可以提前查看每一章节的授课内容和学习目标，进行有针对性的预习和准备。

（3）资源获取界面：学生通过此界面可以获取教师发布的拓展资料，这是学生预习、复习、交流与讨论的便利工具，可以开发学生学习的自主性，改变原有教师指导式学习的方法，力求形成学生自学思考为主，教师点拨指导为辅的模式。学生率先进行相关学习后，可以在交流平台分享问题与见解，同其他同学讨论，并记录下来有价值的观点，或是自己的问题与疑惑，留待课堂上提出并由教师解答。

（4）作业上传界面：学生上传电子版的个人作业或小组作业至教师端，并自动备份。

（5）学习社区界面：通过此界面，学生可以就在预习过程中遇到的问题在社区中进行提问，等待其他学生解答。也可以查看其他学生的问题并提出自己的见解。系统提供了一个收藏库，每个学生可以收藏其他学生的优质回答或历史记录中自己尚未解决的问题，留待上课时与教师讨论交流。在历史记录中也可以查看自己提出的问题或浏览的他人问题以及解答情况，方便学生进行查找。

（6）学生信箱界面：通过此界面学生可以快速直接联系到教师，并向其反馈上课时产生的问题或疑惑，亦或是提出课程推进的建议。

（二）基于大数据的总成绩自动生成系统

系统可以即时结合公共管理学授课过程中学生的参与和表现情况进行成绩生成标准管理。为了更好地对课程成绩进行量化以及促进师生间的双向交流，学生、教师均可以通过账号注册登录系统进行成绩查看或管理工作。系统通过大数据信息将学生的平时成绩与考试成绩在软件上予以呈现，做到成绩公开化、透明化。教师可以在系统中选择每一学期的考核形式，并分别赋予其相应的分数权重，线上测算学生的平时成绩，并在录入期末考试成绩后自动计算出总成绩。学生则可以在系统上自主查看自己的学习成绩以及各项平时分明细，掌握自己的学习情况。

教师端包括考核方式、学生名单、成绩详情、管理权限、课堂信息五个界面。

（1）考核方式界面：教师根据每年的课程时间安排和教学指标手动选择合适的考核方式组并分别赋予其对应的分数权重，方便以后系统自动对每位学生的成绩进行自动测算。

（2）学生名单界面：在此界面教师可以了解本学期各班、各小组学生的具体情况和相关信息，并可以打印生成学生的花名册，留待课程考勤时使用。

（3）成绩详情界面：系统结合各考核方式的赋权比例自动计算生成每位学生公共管理学的学期成绩，包括平时成绩和考试成绩，以及平时成绩中各指标的详细成绩，教师可以在此界面审查每位学生单个指标下的详细分数，并进行总结分析。

（4）管理权限界面：教师可以开放管理权限给选定的课代表或小组长，让他们帮助进行小组作业或平时作业的成绩评定，所进行的成绩打分在课堂信息中即时公示，保证透明度和追溯力。

（5）课堂信息界面：综合信息界面，教师可以对学生进行考勤，记录学生或小组回答问题的次数，也可以查看学生各项成绩的公示情况。

学生端包括个人信息、成绩查询、课堂信息三个界面。

（1）个人信息界面：学生在课程开始前登录系统，自主录入个人的相关信息，包括姓名、班级、学号等，并由系统锁定自动同步到教师系统，方便进行管理。

（2）成绩查询界面：在此界面学生可以了解自己在平时成绩和考试成绩各指标中的具体成绩，对比自己的期待或感觉，发现问题或不足，最大限度地保证成绩透明化、公平化，提升学生对成绩计算的认同。

（3）课堂信息界面：学生在此界面可以及时查看由课代表协助打分的考核成绩公示，如果存在问题可以直接提出异议，获取回馈；也可以查看自己在课程进行的考勤参与情况，以及小组作业展示中的其他小组打分明细，在公开化的评分中确保公平竞争、良性竞争。

两个系统均可以保证循环利用，且附带记忆功能。在学期结束后，本学期所产生的成绩详情、课程资源以及有价值的讨论分享均可以由教师选定进入历史数据库，方便在以后的教学授课中援引使用，不断补充更新。同时上学期学生的个人信息会在学期结束后自动注销，在新学期开始后随着新生信息的录入进行新一轮的使用。

第五节　基于合作学习的公共管理学教学实验与效果评估研究

一、理论基础

合作学习是指在教学过程中通过合作学习小组以及师生合作、生生合作的方式共同完成知识构建和知识传播的一种教学方式。合作学习的理论依据是建构主义学习理论。基于建构主义逻辑的合作学习教学强调以学生为中心，视学生为认知的主体，是知识意义的主动建构者。合作学习通过自身、学习同伴和教师的共同信息分享来共同构建有意义的学习过程和知识成果。合作学习改变了教学活动中教师和学生的角色以及责任。合作学习鼓励学生成为知识发现、知识生产、知识分享、知识传播和知识反馈评价的主体，教师担任学生合作学习任务的设计者、学生学习的合作者、合作学习环境的创设者、合作学习活动指导者、合作学习评价的参与者和反馈者等新型教学职责。

学习小组是合作学习的主要学习平台。小组团队的合作学习需要共同完成某项学习任务，小组成员间分工合作，互相依赖。学习小组的参与者通过思维、思想和智慧共享的学习方式，共同完成对所学知识体系的构建。合作学习小组将传统教学模式下学生之间的独立——竞争关系转变成了合作——互助关系，为学习者提供交流和参与的社会交际模式。

合作学习教学对于提升学生学习效果和教师教学效果具有积极价值。合作学习教学通过促进以教师教学为主体向以学生的学习为主体转变，促使教师讲授、学生被动学习向师生的知识研讨、探究与分享的主动学习、合作学习转变。通过合作互助和探索研究学习，可以培育学生的团队意识、合作精神和创新意识，提升学生的沟通交往能力、协商协调能力、文字写作能力、演讲表达能力等，全面提升学生的综合素质。

二、教学设计与实验

（一）合作学习准备阶段

合作学习教学设计旨在实现以下教学目标：第一，培养学生分析和解决具体公共管理问题的能力，提升知识运用能力；第二，培养学生的合作精神和沟通表达能力。

遵循组间同质、组内异质原则，按照学生自由组合和教师引导分配相结合的方式，将学生按照 4～6 人一组的规模分成若干个学习小组。每个学习小组推选出一名组长，负责本小组学习任务的组织、分工和协调工作。

合作学习小组组建完成后进入学习任务匹配阶段。教师以公共管理学的关键理论和实践问题为出题点设计了众多研究性学习主题，并由各学习小组根据探究兴趣选择学习题目。研究问题具有一定探索性、创新性、复杂性和挑战性，要求各学习小组围绕学习问题合作形成具有一定原创性的研究性学习报告，提出相应公共管理问题的系统解决方案。

（二）合作学习过程与成果展示阶段

各学习小组与学习任务精确匹配之后，学生在各自的学习小组中开始合作学习。小组成员在组长的引领下通过面对面或网络形式围绕本组研究问题进行发言提问、发表观点、协商沟通、辩论等形成小组关于研究问题的共识观点和解决方案，并合作分工完成资料收集整理、研究报告撰写、PPT制作和展示准备等各项学习任务。教师通过与学习小组在课堂内外的正式和非正式交流参与小组学习过程，提供及时和有效的学习指导和帮助，督促各小组的学习进度、学习方向和学习成果。

合作学习成果展示是教师、学习小组和学生超越学习小组边界的知识构建、知识分享和扩散机制。成果展示环节安排在教师讲授结束后和课堂教学后半段，以留给各学习小组充足的学习和准备时间。成果展示以小组为单位，各组同学通过多媒体演讲和其他方式汇报本组学习成果。各组宣讲结束后为互动讨论环节，由教师和其他小组成员就该组的学习问题及其学习成果进行提问、讨论、质询，该组同学需对各方面的疑问、提问给予解答，教师在讨论环节后进行点评反馈和总结补充。

（三）合作学习评价与反馈阶段

合作学习的教学反馈评价主张多元、多维的教学效果评价，改变传统教学模式下教师评定为主的效果评价。学生合作学习成绩评价由教师和学生共同评定，并以较大的权重纳入到学生课程成绩当中。学生合作学习成绩由两部分构成：小组成员相同的小组成绩和具有一定差异个体表现成绩。教师制定合作学习小组成绩和个人成绩的评价标准与评价问卷，通过小组自评、小组互评、学生评价和教师评价等多维评价主体对每个学习小组及其成员的合作学习成绩进行评定，学生合作学习成绩占课程成绩评定的 30%。

合作学习中教师教学效果的评价应来自学生的直接反馈。通过设计针对教师教学表现以及课堂教学效果的评价机制，帮助教师反思合作学习教学设计、学习指导、课堂组织和教学效果，实现教学相长的目的。教师设计教师教学表现、课堂教学满意度的测量量表和调查问卷，全面调查学生对教师和教学的反馈。

第六节　线上线下混合式教学法在高校公共管理学教学中的应用

线上线下混合式教学法不同于以往的教学方法，其通过灵活调整教学时间，扩展教学方法，在学习平台上共享丰富的教学资源，提供丰富多样的教学方法，从而提高学生的学习效率。首先介绍了线上线下混合模式教学法，并以公共管理学课程为例，分析了高校公共管理学课程教学中可能存在的不足，采用健全信息化教学管理的有效机制、搭建好信息化教学资源服务平台、做好线上线下混合式教学法的课程管理设计、合理优化教师考评机制等措施，从而达到培养应用型人才的目的。

一、线上线下混合式教学法

线上线下混合式教学法是通过教师在上课前将与教学内容相关的各种课件、教学视频、讨论、小组作业、章节测验以及课后作业等相关教学资料发布在网络教学平台，学生在上课前完成教师发布的课前任务，教师在了解学生预习情况后可以先通过在线答疑的方式引导学生做好课前准备，并且根据学生的预习情况梳理出重难点，在线上上课时着重讲解。在章节结束后学生进行小组作业与测验，课程评估也可以在课后及时进行。教师对学生的评价进行反思，从而进一步优化教学资源，及时调整教学方法。学生可以根据相关学习资源和教师提出的问题，进一步思考、总结、扩展和改进所学知识。

线上教学主要是通过现代信息技术和互联网技术，建成教育与学生之间的网络知识传递桥梁，教师将教学资源通过网络平台提供给学生，方便学生在课堂之外自主学习。教学中，可以使用网络资源或者是自己录制的教学视频以微课的形式上传到网络教学平台供学生观看，还可以将课堂 PPT 丰富之后与学生共享。学生在学习过程中不再受到时间或特定地点的束缚，可以根据自身情况对学习内容查漏补缺，也方便教师答疑。在开展线上课程的同时，教师依然需按时完成线下教学任务，需要在规定的时间、特定的地点完成既定的授课任务，并根据教学大纲的要求，针对本课程重点、难点详细讲解。在线上线下混合式教学中对已经在线上讲解过的内容，教师不需要在线下课程中赘述，只需要简单带过，着重讲解重难点，更多的时间可能用来对学生提出的问题进行解答，促进知识完全掌握。通过布置预习任务，了解学生对学习内容的掌握程度，然后调整自己的线下课堂内容，有针对性地讲解，让学生能够充分理解知识内容。混合教学模式的实施主要是建立以学生为中心的自主学习模式，在提高学习效率的同时能够进一步提升学生的自学能力。

线上线下混合式教学模式是通过在线完成课本内容的知识讲解，在学生反馈或提问后整理难点，在线上线下学习中深入讲解重点和难点，从而加深学生对课程知识点的理解。学生可以在课前通过自主学习教师在学习平台中上传的录课视频及课件等教学资源，同时完成课程中每一章节的测验。学生针对不会的知识点可以通过给教师留言进行提问，从而提高教学效果。通过这一教学模式的变革将学生作为课堂中心，建构一种以学生为主体、教师为主导的教学模式，其不仅能够让学生养成提前预习的习惯，还能够提高学生自主学习的能力，也能给课堂留出更多的时间进行讨论。

二、采用线上线下混合式教学法建设公共管理学课程的意义

综合利用线上线下混合式教学法的优势，选择合适的网络教学平台，使学生学习更加方便，师生交流更加快捷。通过网络教学平台将本课程的最新发展前沿动态及时发给学生，实时更新学习案例，使理论运用于实际，使学生对本课程学习愈加感兴趣，将有效提高学习效率，从而提升公共管理学的教学质量。

本课程作为核心专业课具有重要的学科基础作用，根据以往教学活动中教师对课程的理解度、课程内容、学生对本课程的评价等方面的分析，根据某高校公共管理学课程实践，拟定线上线下混合式教学模式下公共管理学课程的教学改革方案。试图以加强教师的自我能力建设，以线上线下混合教学模式，着眼于新型学生教育技术能力的培养，进一步完善当前公共管理学课程，对本课程在教学过程中使用的教学方法的升级以及提升教师自身教学能力具有重要意义。

（一）有利于教师专业发展

研究的提出正是基于深入思考教师知识结构存在的问题，其能够有效地指导教师职业发展，促进教师专业化。

（二）有助于提高课堂教学效率

教师可以从教学资源中选择合适的技术工具来教授和理解特定的内容，并有效地整合技术。教师可以在课前依托教学平台将教学课件、教学视频、在线考试和在线作业等相关教学资源发布在网络教学平台，学生需要按时在课前完成相关学习任务。线下教学中针对重难点进行详细讲解，在课后教师要及时评估学生本节课的学习情况，回答学生的课后提问，同时进一步帮助学生将知识内化，做好课后总结。还可以让学生进行课后反馈，根据学生的建议进一步完善教学资源，教师

在课后及时评估教学效果，提高课堂教学效率。

（三）解决传统教学的困境，激发学生的学习兴趣

教师应当不断提升自己的专业能力，及时更新自己的知识储备，多采用案例分析的方式，让学生参与到案例分析中，增加师生互动的机会。同时，引入线上线下结合的方式让学生获取教学资源，激发学习兴趣。

三、公共管理学课程实施线上线下混合式教学法的举措

（一）健全信息化教学管理有效机制

现如今网络信息发达，学生获取知识的方式方法多样化，不再只是单一地靠教师或书籍，学生可以在网络上找到更多专业知识，这对教师自身的知识储备也是一种考验，所以教师要不断学习、不断更新自己的知识储备。作为教学管理部门，高校层面也应该制订完善的信息化教改管理措施，比如增强教师教学能力的培养，给予教师外出培训的机会，同时还可以制定系统的现代教育技术培养计划，对教师信息化教学技术进行培训。并定期举办教学技术应用大赛，鼓励教师参加各类教学竞赛，以赛促改、以赛促教，提高教师信息化教学能力。

（二）搭建好信息化教学资源服务平台

在公共管理学课程资源平台建设过程中，当下最重要的工作就是优化教学资源，及时更新课程案例，让学生在案例中将理论转化为实际。在线上课程的建设过程中更新教学内容，加入公共管理学领域的前沿研究成果，建立课程题库，引入其他学习平台优秀的录课视频，方便学生学习，在每章节录课视频结束后加入章节测验，学生必须完成章节测验才能进行下一章节的学习，且学生必须在课前教师规定时间内完成录课视频的学习，教师可以在后台查询学生的学习情况，同时还要做好教学评价工作，通过教学评价一方面对教师工作进行量化评价，另一方面通过学生的教学评价，教师能够不断更新教学方法，

根据学生的建议调整教学内容，也可以对学生难以理解的知识点进行查漏补缺。

（三）做好线上线下混合式教学法的课程管理设计

虽然线上教学在高校得到了重视，但是在公共管理学课程教学中，传统的线下教学仍然是重要的教学方法，因为专业知识难度较大，需要在线下作进一步的解释，学生才能将知识更好地内化。公共管理学课程的建设要注意与时俱进，及时更新课程内容，寻找最新的案例，以小组为单位让学生展开讨论并进行汇报，最大限度地调动学生的积极性，适当加入模拟场景来提高学生参与的积极性，还可以让学生自己找案例在课堂中进行展示，然后学生集中讨论，教师作适当总结，以此丰富师生互动形式。同时教师应引导学生养成自主学习的习惯，在课堂中以学生为中心，充分调动学生的课堂参与度。与此同时，教师的线下教学还要和线上学习配合，通过整合优秀网络资源，将最新的学科前沿知识分享给学生，增加师生互动机会，并及时为学生解疑。总之，想要实施好线上线下混合式教学，必须根据不同的学科特点进行针对性改革，合理分布线上线下教学内容，分清重难点，做好课程设计，还要注意规划不同层次学生的学习内容，追踪监测学生的学习情况。

（四）合理优化教师考评机制

对教师教学情况的改革不仅仅局限于教学大纲、教案的考查，也不应该以学生成绩作为考查教师教学质量的重要依据，考评机制应该更具有灵活性与公平性，在学生平时学习过程中引入对教师教学内容的评价，科学制订考评指标体系，考评指标体系应当包括教师的专业理念与师德、专业知识与能力、教育教学业绩等方面，运用多样化的评价方法，多角度全面评价教师的育人与教学工作，充分调动教师教学的积极性和创造性，促进教师的专业发展和教学质量的全面提高。例如，可以在学期中与学期末分别开展学生评价调查，在了解学生学习获得感的同时，进一步提升教师的教学水平。通过加强过程考核制度来提高教师教学的积极性。建立制度化与规范化的考评体系，有助于提高教师的专业能力，针对考评结果采取一对一的方式对教师进行反馈，对教师提出整改意见，制订改进计划，帮助教师进一步提高教学水平。同时要积极引导学生的学习态度，帮助学生形成良好的学习习惯。

第七节　小组讨论式教学法在公共管理学教学中的运用研究

在公共管理学的教学中运用小组讨论式教学方式，通过以教师适时指导贯穿学生讨论主题选择、分组讨论交流、学习成果分享、课堂效果评价以及知识拓展延伸等教学环节的设计，实现学生从学科基础课程向专业基础技能的学习方法迁移，力求增进学生自主学习，合作探究的学习技能，形成教法与学法相统一的有效课堂教学模式。

课堂教学作为高校最基本的教育活动组织形式，直接决定着高校教育教学质量。目前教学研究的研究视角重教轻学，更多地是从教师"教"的视角关注有效教学，从学生"学"的这一角度研究仍需完善。如何实现以学论教，用有效性去考察教与学这两个层面的相关性，是每个高校教师必然要思考的问题。

小组讨论式教学法是以讨论主题为中心，经学生自主学习探究，教师适当引导的教学模式。教学过程融合教法与学法，主要是依托涵括本学科重点难点和前沿动态的问题来吸引学生的关注力，学生通过查阅资料、分组讨论、形成小组报告，并在课堂成果展示中阐释小组的观点，经本组成员、其他学生以及教师的共同评价来最终完成课堂教学。作为社会工作专业在大学二年级开设的一门学科基础课程，公共管理学的教学目的和任务在于提升学生对现实问题进行分析和决策的能力，培养学生掌握基本的实践公共管理的能力和方法，使学生具有公共精神和公共素养以及高度的社会责任感，可以说是一门理论与实践性结合非常强的学科。

一、公共管理学适用小组讨论式教学的现实意义

高校里每个学生都在学习各项基本技能，掌握学科重要知识。影响高校成绩的变量可分为三类：高校层面变量、课堂层面变量、学生层面变量，每一种都很重要也有其不同的影响作用。然而，当前高校的教学改革的注意力大多集中在高校和教师身上，怎样将学生层面的影响增进到深化教育教学改革中来，实施以学生为主导的小组讨论式教学法在公共管理学的教学中无疑具有重要的现实意义。

（一）有利于高校教学改革的深化

如何让课堂成为师生思想交流的地方，引导学生拓展知识结构，养成善于思考、善于探索的精神是高校课堂教学改革的首要问题。课程的学习在于引导学生对知识的自主探究，培养学生知识迁移的能力，而课程的实施过程则需强调师生的互动参与，将教师的知识传授与学生个体知识的内化在高校课堂中达成实质性的统一，提升课堂教学的有效性。公共管理学是一门研究以政府为核心的公共组织对社会公共事务进行管理的应用性学科，教学内容富有时效性和前瞻性。小组讨论式教学方法的运用能够更直观的带动学生运用各种理论分析社会现实，有效建立公共管理学的理论框架和研究模型，进而推动公共管理学科的发展和创新。

（二）有利于高校教师教学理念的转变

提高课堂教学质量和效能依赖于高校教师课堂角色的转变。现阶段我国大学的人才培养模式主要表现出三个特点：知识的简单化传递，学生被动学习和守成型的人才培养。而要改变目前的人才培养方式，

从教师角度而言就是要转变教学理念，深化教学改革，在发展课程、制定标准时，多考虑学生基本知识的掌握程度和学习兴趣，在教学中培养学生知识迁移的能力，引导学生拓展学习范围。在整个小组讨论式教学过程中，教师不再是推动课堂教学的唯一驱动力，而是开始由知识的简单传授者转变为学生学习的促进者，学生自主讨论环节也不单单是学生自己学习，而是把教学知识置于问题之中，积极鼓励学生发挥主体性的角色。

（三）有利于高校学生各项能力的培养

有效的教学是能够促进学生学习与发展的教学，能够激发学生的学习欲望，促进学生积极地掌握知识、团队工作和解决问题的技能，提高批判性思维能力和建立终身学习态度的教学和学习。故此，有效的课堂教学不应是单纯的科目内容学习，也涉及使学生学会自我监控、自我调节、自我反馈，发展自我评价的能力，以及怎样与他人有效合作的能力。公共管理学的教学目的，一方面是带领学生深入实际，学习课程内容，掌握公共管理的基本概念、理论方法和技术；另一方面是要培养学生学会运用全面的、系统的和发展的观点，使学生通过课程学习增进社会认识，科学规划自己的生涯发展。

（四）有利于实现研究和教学的共生发展

在小组讨论式学习的过程中，学生以公共管理学的前沿热点为中心，需要综合利用各种文献，反思社会现实问题，将已有知识和新学知识相结合，在教师的指导下，学会用基本的科学研究方法去分析问题和解决问题，形成自我的基本观点，从而了解到科学研究的整个过程。同时，教师在指导学生进行讨论式研究时，自己也实现了教学与科研的统一，将研究反馈成果运用于下一轮的教学过程中，不仅有助于平衡高校教师在教学活动与科研间的矛盾，使教师的教学活动更具针对性和时效性，实现高校教学与科研活动的共生发展。

二、小组讨论式教学在公共管理课堂教学中的设计与实施

在公共管理学的教学中，必须结合课程特点来设计小组讨论的教学环节与程序，以确保小组讨论式教学法能够有效开展。图 1-1 描述了小组讨论式教学法的环节设计。

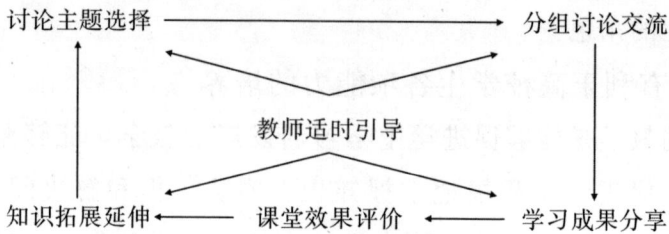

图 1-1 小组讨论式教学的环节设计

（一）讨论主题选择

主题是讨论的基础，也是准备工作的重点。在开展主题式讨论之前，教师须明确教学目标，通过分组讨论式教学使学生掌握本课程的基本原理和核心概念、学科研究方法和公共管理学所要培养的能力。在主题的设计上，教师要针对学生的知识程度、学生的实际需求和课程的特点设计好讨论内容，或者学生也可以根据自己的兴趣结合课程内容选择合适自己的主题进行讨论。由于教师给学生提供的选题质量会直接影响到学生进行分组讨论学习的兴趣，故小组讨论式教学中的主题选择须具备以下特征：

（1）探讨的问题要具有一定的开放性。大学课堂不应拘泥于课程理论和制度的论述、介绍，而是要注重学生对知识的理解和运用，让学生知晓如何运用理论去认识社会现象，处理社会事务。因此，主题讨论的设计要有一定的开放性，既要满足能引起学生的关注和争论，又要能诱导学生为了解决问题而产生学习动机和强烈的求知欲望。

（2）问题的解决方案具有多元化。公共管理学涉及了政治学、行

政学、管理学、经济学等多学科知识，这就使得问题的解决方案不一定是唯一的，而是可以从多学科的视角去思考多元方案。

（3）问题具有真实模拟性。公共管理学学习的内容是有关政府管理、社会治理、公民社会等系列问题。在课程特点上反映的是社会现实生活，关乎国计民生。故主题的选择越贴近社会实际，学生越能设身处地的思考探索解决问题的方法。

（二）分组讨论交流

小组讨论中的互动恰恰能有效促进具有不同知识结构、不同思维方式的成员相互交流、仿效和矫正，共同发展，用集体的力量来完成学习任务。一般而言，小组讨论式教学的小组人数以 5 人左右为宜。若人数太多，容易产生搭便车的几率；若人数过少，则不易形成探讨问题的气氛，或是成员之间分歧太大，难以统筹。小组的前期讨论主题主要是布置课外作业，把讨论的主题所需搜集的资料和讨论时间选择交由学生用课余时间完成，再以小组为单位将合作成果在课内展示，并将小组的总体成绩作为个人成绩依据。这样一来，学生在小组工作里就能够为达成共同的学习目标而互助合作，不仅能促使学生自主合理地利用资源，实现课内课外时间上的统一，还能激发学生去思考怎样以优异的成绩来完成小组任务。

（三）学习成果分享

公共管理学的教学内容一般分为总论部分和专题部分，小组讨论的任务布置在总论部分学习时下达，完成专题部分学习后进行集中展示，所以学生自主学习时间约为一个半月时间。学习小组在完成充分讨论后形成对问题解决的基本框架和构想，并以 PPT 和小组讨论报告的形式在课堂中呈现研究成果。小组成员可以选定某个学生或是以多个成员合作形式对本组讨论的选题来源、角色分工情况、讨论过程和讨论的结果以及小组合作的体会和收获等情况进行分享。教师和其他各组成员在这一环节中则通过自由提问的方式对该组成员的研究成果进行点评和质疑，帮助学生来查找研究过程中出现的遗漏，从而唤起学生不同思维的交融和碰撞，提升批判性思维能力、沟通表达能力和团队协作能力。

（四）课堂效果评价

为保证小组讨论式教学发挥其应有的功效，需要教师制定出明确考评制度。课堂的教学效果评价由教师和每个学生填报小组成绩测评表完成，包括学生个体的自评、各小组同学的互评以及教师对学习小组合作效果的整体评价。测评计分表的设计中含有评定的要素、依据以及评定方法，需要在课前先由学生集体商讨，在制定出各项标准后交至教师审议后实行。小组讨论中各小组表现将作为平时成绩考核的主要依据。当然，教学效果测评的方式可以采取形成性评估和终结性评估两种。每组学生在展示完小组的学习成果后，教师引导学生归纳出讨论学习过程中的收获和体会，查找并反思在问题分析和方案设计中的不足之处，然后再进行 PPT 作品的完善和最终审阅。与此同时，学生在讨论式课堂后还要参加关于本次教学法在课程中应用效果的问卷调查，对教学的有效性进行实时反馈。

（五）知识拓展延伸

从学生角度出发，须重视学生的学习效果，促进学生有效学习和发展，进一步关注学生的学习行为、学习过程和师生关系。囿于课堂时间有限，学生课堂中成果分享和评价可能还有未尽事宜，教师可以在最终审阅部分对每个小组内还存在分歧的部分进行反馈释疑，学生也能够运用评价信息来改进自己的学习。此外，学科知识不仅仅是书本知识，小组的讨论学习可以源于书本而又高于书本从而形成实践经验。小组学习的过程相当于学生经历了一次研究发现的过程，学生是直接的实践者，通过他们自己的自主行为将知识内化到原有的知识认知中去，奠定了创造性学习的基础。

三、在公共管理学课堂教学中运用小组讨论式教学的成效及困境分析

教学的有效性关键在于教师、学生和教学方法的有机结合。公共管理学课程中运用小组讨论式教学能否对学生的发展产生实效，很大程度上取决于学生对讨论主题理解的准确度和教师对教学设计的执行度。由于小组讨论式教学与传统讲授法存在着巨大差异，教师在实施小组讨论式教学的过程中势必会面临着诸多挑战，而学生也会因为缺乏小组讨论式学习的经验和相应的能力而遇到适应性的难题。

（一）课堂教学中运用小组讨论式教学法的有效成果

小组讨论式教学法的目的是提升课堂教学的有效性，最终结果是提高教育教学质量。小组工作作为社会工作的三大方法之一，在学科基础课程中就开始引入同类专业基础课程的研究方法，从专业基础课程向专业的核心技能的学习方法迁移进阶，无疑具有不可磨灭的现实意义。

1. 学生学习实现从被动性到主动性的转变

相较于传统的教学方式，学生课堂上的参与程度更高，更能够调动同学们的学习主动性。从主题选择到论题讨论、研究成果分享和课堂效果评价，全过程都需要学生的自主参与才能完成整个学习活动。不少学生认为"通过小组讨论与组员之间的交流合作，增加了我们的团队凝聚力"；"能够自由地各抒己见，讨论交流出最合适的答案"；"通过小组讨论式的教学，能够明确教师所讲内容的侧重点，对于课堂的课程内容更加容易吸收。"

2. 知识传递实现从单向性到双向性的转变

在小组讨论式教学中，生生交流、师生互动实现知识信息的单向流动到双向互动交流的转变。在小组讨论式教学中，教师是指导者和引路人，教学过程是通过学生的自主研究和师生的合作探讨来完成的，

教师能够更加准确地跟进学生学习的进展情况，并给予细致全面的指导和评价，师生之间交流贯彻整个过程，真正实现了教学互动，教学相长，这在小组讨论式教学法的运用中也得到了实证支持。

3. 人才培养实现从守成型向创新型的转变

尊重学生的主体性，让学生通过研究性学习和小组工作的方式进行有意义的知识建构是小组讨论式教学的最终目的，创新素质的培养体现在学生自主学习和自主实践过程中。无论是课前的小组讨论还是课堂中的学习成果分享活动，课堂展示中的 PPT 讲解、答辩式问题互动实际上涵括了学生书面写作能力、口语表达能力、分析与综合及归纳与演绎的逻辑思维能力，还有对信息技术和办公软件的操作处理能力。特别是对于大学生而言，在进入专业基础课程时就学会利用图书馆和学术网站查阅资料的技能，初步掌握审阅文献和利用研究方法进行学习的技巧，这对于今后学生学习社会工作专业的核心课程以及学生参与课题研究和毕业论文写作有着潜移默化的深刻影响。创新性人才培养模式的典型特征是把知识置于问题之中，教师是学生学习的助手，学生对学习负责，所培养的人才具有创新精神。通过小组成员之间的讨论开阔了自己的视野，学到了不同的思路和方法，了解到存在的差距和不足，有利于自身更好的改变和学习，对知识的理解程度更好；还有同学认为"最大的受益是获得了不同的新见解，开拓了思维"以及"有了更多不同认识和观念碰撞"，学会了求同存异和宽容忍让，"培养了大家自主解决问题的能力，增强了组员的团结写作能力和语言表达能力"。

（二）小组讨论式教学法运用课堂存在的困境

从教师的教学效果与学生的反馈结果两个维度进行考察，小组讨论式教学运用于课堂教学既有现实的困境也有其不可替代的优势。从学生的视角来看，小组讨论式教学法的运用主要在话题讨论、小组成员的参与度以及课堂秩序维持等方面需要改进和提升。

1．小组成员分工合作能力有待提升

由于传统讲授式历来在教学方式上占主导地位，学生的惰性思维短时期内一时无法消除，小组活动中学生"搭便车"行为也就在所难免。

2．小组讨论主题内容仍需贴合实际

无论是调查问卷还是个人访谈，学生对主题讨论都是极度关切的。不少学生认为讨论的内容枯燥，话题首先要贴近学生实际、要关心学生的学习基础问题，适应小组成员的认知能力，富有学科价值，同学们的分工协作兴趣和个人重视度才会明显增加。这就要求教师在讨论内容中增加问题设计、答疑解惑和方向引导，增强讨论的趣味性和主题的认同感。

3．小组讨论活动形式存在固定单一

学生认为课堂中小组讨论式中需要改进的地方还有活动形式方面和组员合作方面，希望能增加更多的新形式。比如可以组织研讨式的讲座或者学术报告以及学生活动进行补充，不拘泥于以学生上台演讲为主的课堂分享。

4．小组讨论课堂教学秩序有待维护

相对于传统讲授式教学，小组讨论式教学对于教师的知识体系和宏观驾驭能力是一种考验，具体体现在讨论程序的设计以及必要的课堂组织协调和监控等方面，需要教师投入更多的时间和精力去跟踪和指导学生的学习过程。特别是在课堂分享中自主提问环节，学生对于不感兴趣的主题会产生消极不合作或是出现讨论偏离主题的现象，教师必须有随时处理课堂偶发事件的思想准备和应对能力以保障教学秩序的顺畅运行。

除此之外，在课堂教学中还需注意到教学有效性的差别问题，比如同是讨论课堂，学生对主题的准备程度和积极参与程度对于课堂的影响力也是显而易见的。这就是为什么会产生同一教师在某一课堂可能教学效果很好，而在另一课堂基于学生的表现情况效果可能就不是很好。

　　课堂生活是社会的缩影，对于高校而言尤为如此。大学是学生跨入社会的中间站，如何获取和更新知识，掌握好高效学习方式，具备持续学习的能力是现今大学生必备的基本能力。大学也不再是简单的课堂知识传授，而是更多地偏向去启发学生生命的潜能，陶冶学生社会生活的能力，促进学生的职业生涯发展以及涵养学生的公民责任。由教师中心向学生中心转变，从传统课堂向高效课堂的转变，教师理应成为教学实践的反思者，不断地改进教学内容和教学方法，关注学生的学习兴趣和学习需求，培养学生学习的主动性以及学习思维的建构，促使课内外的学习生活融为一体，形成以"能力为导向"，以发展为目的的"指导—自主学习"的课堂有效教学模式。只有将生动活泼、形式多样、富有效率的教育教学方式落实到高校课堂上和高校教育的各个具体环节中，提升教学质量才能真正成为现实。

第二章

高校公共管理学课程的
案例教学应用

第一节 案例教学概述

一、案例

案例教学中的核心概念是"案例"，因此想要全面认识案例教学，必先明确了解案例的内涵与特征。

（一）内涵

案例一词在英文中写作"case"，汉语可以译为"个案""个例""实例""事例"，在不同的领域有不同的称谓，如在医学上称之为病例；在军事上称之为战例；在法律上称之为判例；在师范教育领域公认为案例。因此，不同领域的案例问题教学专家对案例也有不同的理解，不同的审视角度，对案例的描述也不尽相同。

一个好的案例是某些现实情况或问题被带进教室供班级和教员研究的一种媒介，让大家对一些实际生活中必须面对的棘手的问题进行讨论。它是某些综合的、复杂的情况或问题的记录，在这些情况或问题能被理解之前，它们肯定是完全分散的，而后将其组合在一起，其目的是将表达各种不同态度或方式的思想带进教室。

教学案例描述的是教学实践。它以丰富的叙述形式，向人们展示了一些包含有教师和学生的典型行为、思想、感情在内的故事。

案例就是真实发生的富有多种意义的典型的事件陈述，教学案例则是根据教学目的，以包含典型的教育情境和蕴涵富有代表性的教育问题的事实为素材，而选编成的教育故事。

（二）特征

1. 真实性

案例来源于工作、生活中发生的真实事件，而不是依靠个人想象力和创造力凭空杜撰出来的产品。作为教学案例而言，它应该记录的是教育实践中真实发生的事件，案例强调客观真实性，而不是虚构与主观臆想产生的。因此，有学者强调，案例不能用"摇摆椅子上杜撰的事实来替代"，也不能用从抽象的、概括化的理论中演绎的事实来替代。

2. 典型性

案例是由一个或几个问题组成的，是具有一定代表性的典型事例，代表着某一类事物或现象的本质属性，概括和辐射出许多理论知识，包括学生在实践中可能会遇到的问题。案例越是典型，揭示的规律就越深刻，案例的普遍意义和通用意义也就越大，从而使学生不仅掌握有关的原理和方法，而且也为他们将这些理论和方法运用于实践奠定了一定的基础。

3. 完整性

案例的叙述首先要有一个从开始到结束的完整情节，要将整个事件发生的时间、地点、经过、结果讲清楚。其次案例必须将戏剧性的冲突放置在特定的情境之中，需要交代特定的时间、地点、人物和细节等。这些对情境的描述能够为读者提供足够的信息，是读者理解案例的重要条件。

4. 启发性

教学中所选择的案例是为一定教学目的服务的，在撰写案例的时候一定要围绕一个鲜明的主题以便体现典型性的同时，达到启发教师学生互动思考解决问题的目的。因此，每一个案例都应能够引人深思，启迪思路，进而深化理解教学内容。

5. 时代性

当今社会发展迅猛，知识水平的不断提高导致案例的使用不能一成不变。案例需要伴随教育理念和教育内容的更新而更新，所以选择的案例最好是新近的教育实践活动。如果使用陈旧的案例来指导现在的教学，学生便不能从中学习最新的知识经验，知识水平便会落后于现代社会发展的脚步。

二、案例教学

案例教学自 20 世纪 20 年代在美国正式推广以来，受到了企业界、学术界和教育界的重视和支持，在全世界范围产生了广泛而深远的影响。当前，案例教学在基础教育、教师教育和教育管理领域已经引起广大教育工作者的关注。在明确了案例的内涵与特征的基础上，案例教学的历史发展、内涵、理论依据和与举例教学及案例分析的区别成为本研究的基本元素。

（一）定义

从广义上讲，案例教学法可界定为通过对一个具体情境的描述，引导学生对这些特殊情境进行讨论的一种教学方法。在一定意义上它是与讲授法相对立的。

教育者根据一定的教育目的，以案例为基本教学材料。将学习者引入教育实践的情境中、通过师生之间、生生之间的多向互动、平等对话和积极研讨等形式，从而提高学习者面对复杂教育情境的决策能力和行动能力的一系列教学方式的总和。

案例教学是指教育者本着理论联系实际有机整合的宗旨，遵循教学目的的要求，以案例为基本素材，将学习者引入一个特定的真实情境中。通过师生、生生之间的双向和多向互动、积极参与、平等对话和研讨，从而重点培养学习者的批判反思意识及团体合作能力，并促进学习者充分理解教育管理之复杂性、变化性、多样性等属性的重要教学形式。

案例教学是指在教师精心准备和策划下，根据教育目的和要求，围绕公共管理学课程内容选取真实典型的案例，引导学生思考其中的问题和探究其原因，通过师生、生生之间的讨论和交流，加深对高等教育管理理论的理解，从而提高分析问题和解决问题的能力。

（二）理论基础

案例教学在医学、法学、管理学教育中运用的良好效果，使其在基础教育、高等教育和职业教育领域迅速推广开来。案例教学的理论基础是其成功的关键所在，其中蕴含的教育理念不仅能适应学科发展的需要，还迎合了教育发展的潮流。众多专家学者总结归纳了案例教学的理论基础，根据研究需要，在此着重讨论在公共管理学课程中运用案例教学的理论依据。

1. 建构主义理论

建构主义是学习理论中行为主义发展到认知主义以后的进一步发展，被广泛应用于社会学、心理学和教育教学研究中，被喻为是"当代教育心理学中的一场革命"。建构主义认为学习是获取知识的过程，但知识不是通过教师传授得到的，而是学习者在一定的情境即社会文化背景下，借助其他人包括教师和学习伙伴的帮助，利用必要的学习资料，通过意义建构的方式而获得的。

建构主义的教学思想主要反映在知识观、学生观和学习观三个方面。

（1）知识观

建构主义认为知识只是一种解释、一种假设，而不是对现实的准确表征和问题的最终答案，并且会随着人类的不断进步而替换，并随之出现新的假设。在具体问题中，知识不是拿来使用的，而是需要针对具体情境进行再创造。另外，建构主义认为，知识不可能以实体的形式存在于具体个体之外。虽然人们通过语言符合赋予了知识一定的外在形式并得到了较普遍的认可，但并不代表学习者对这些命题有同样的理解，对知识的理解只能由个体基于自己的经验背景而建构，它取决于具体情境下的学习历程。按照这种观点，课本知识只是更为可靠的假设，不能把它作为预先决定的材料教给学生，并在被接受之前是毫无权威性可言。学生的学习是建构、分析、检验和批判新知识的过程。另外，学习知识不能简单的掌握和套用，需要不断深化，从而把握在具体情境中的复杂变化。

（2）学生观

建构主义认为，在日常生活和学习中，学生对接触到的现象都形成了自己的经验，所以他们并不是空着脑袋走进教室的。对于没有接触过的问题，虽然学生没有现成的经验，但当问题一旦呈现在面前，基于相关经验，他们可以依靠认知能力形成某种认识。教学要以学生现有的知识经验作为获取新知的起点，帮助他们完成知识的处理和转换，而不是忽视学生已有经验进行简单的知识灌输和传递。在此过程中，教师有责任引导学生针对共同问题探索、交流和质疑，不端了解和调整彼此的想法，促进学习的进行。

（3）教学观

建构主义教学需要学生能在复杂的环境中学习，要求把所有的学习任务放在重大的问题中，侧重发展学生对整个问题的自主权。教师应创设能激发思维的学习情境，引导学生发现问题并认识到有多种解决问题的答案。在教学过程中，基于学生对共同问题有不同理解和解决方式，通过讨论、交流与合作，实现主动建构新知识的局面。

案例教学正是通过创设问题的实际情境，以师生、生生之间的交流合作为主，引导学生从"当事人"的角色分析案例，运用已有的知识理论结合实际问题，建构及内化解决问题的新知识。

2. 迁移理论

在案例教学中，教师在选取案例后会提出学生作为"当事人"该如何处理其中面临的问题。学生通过阅读、分析案例、互相讨论寻求解决问题的方法，这一过程就是运用已有的知识理论形成解决案例问题的方法的假设过程。通过理论联系实际，学生在此过程中形成亲身经验和解决问题的一般步骤。这些经验将学生头脑中孤立分离的知识转化为解决类似问题的思考策略与顺序。由此可见，案例教学符合迁移假设理论的条件，能够有效促进问题解决的迁移。

另外，迁移理论认为，学习的情境与日后运用所学内容的实际情境相类似，有助于学习的迁移。因此，创设与应用情境相似的学习情境有利于学习的迁移。作为教学案例的材料具有真实性和时效性，这两点映射出案例教学与学生日常生活和将来工作要面临的情境具有极大的相似性。这种相似性能促使学生在研究案例的过程中获得经验发生有效迁移。

案例教学能促使学生形成对问题解决的假设与顺序，真实的案例类似于日后运用所学内容的情境，有利于发生有效迁移。因此，迁移理论是案例教学的重要依据。

3. 教学交往理论

教学交往理论认为交往是一切有效教学的必需的要素。学生在学习过程中通过与同学、教师以及周围其他环境的交往建构着自己的知识结构、发展自身的道德品质。交往使学生学会合作、发现自我，达成共识、组织共同活动及弘扬个体主体性、形成丰富健康的个性，在教学中发挥着经验共享的功能。教学交往理论认为在教学过程中，师生之间应是平等交往的主体关系，而不是教师作为主体、学生作为客体的主客体关系；并且交往的主体是平等的、相互尊重的。只有通过平等的、真正的交往才能实现学生的和谐发展。因此，教学中的交往首先应是一种合作式的交往，交往的双方应创造条件，使不带支配性质的交往行为成为可能，放弃权威地位，持相互平等的态度。其次，由于交往参加者实际地位不是同等的，必须促进交往参加者相互取长补短和理智相处。

案例教学是一种积极鼓励学生参与的教学。教师不是课堂的操纵者、控制者，而是重要的参与者。教师与学生进行平等交往，并鼓励学生积极参与交往。小组讨论案例能培养学生与小组同学的沟通能力，综合他人智慧的能力，班级讨论案例更是以全班每个学生的积极参与为基础，通过众多的个人观点汇聚成最终解决问题的方法，同时，个人在倾听其他观点、在与教师和全班其他学生交往中建构更完整的知识结构。案例教学充分发展了师生之间的交往、小团体之间的交往、个体之间的交往、个体与集体的交往、小团体与集体间的交往。案例教学是一种鼓励学生参与积极交往的教学，是一种基于交往的教学。因此，教学交往理论是案例教学的理论基础。

　　4．后现代课程观

　　后现代课程观认为，课程是丰富而开放的，在教学过程中，教师不能直接传递信息，而应重视引导学生提问并自己寻求答案，教师与学生在共同探究课题的过程中相互影响。无论从教学目标、教学模式、师生关系、评价手段等方面，案例教学都折射出了后现代课程观的思想。因此，后现代课程观可以作为案例教学的理论依据。

第二节　案例教学在公共管理学课程中应用的理性分析

一、学科性质

　　目前，学术界对学科概念的理解不尽相同。《辞海》中将学科的内涵概括为学术的分类和教学的科目两个方面。①我国学者通常从三个方面来定义学科：一是学问的分支；二是教学的科目；三是学术的组织。②根据我国学者对学科的定义，公共管理学既是高等教育学的分支，又是高等教育学专业教学的科目。正如有研究者所说，公共管理学是将高等教育管理这一特定领域中的各种现象、各种关系和各种问题进行抽象，从而形成对高等教育管理活动规律性认识的学科概念范畴。

　　公共管理学作为一门学科，学科性质对该学科的理论体系的构建具有重要的影响，一直是我国高教界探讨的一个重要问题。关于公共管理学的学科性质问题一直存在争论，高等教育领域的专家学者各持己见。首先根据学科的理论来源划分，关于公共管理学的学科性质归纳起来有四种观点：①公共管理学是高等教育学的一个分支学科；②公共管理学是管理学的一个分支学科；③公共管理学是高等教育学与管理学的交叉学科；④公共管理学是高等教育学与管理学的"整体复合"。另外，依据学科的功能，关于公共管理学的学科性质形成了两种观点：①认为公共管理学是一门应用学科，本质上是研究如何达到高等教育管理的最佳效益；②认为公共管理学是一门基础理论学科，为公共管理学科群的其他学科提供理论基础。迄今，理论界在继续探讨学科性质，趋向于认同公共管理学是应用性学科，是高等教育学和管理学的交叉和融合。但同时，也有研究者从遵循高等教育规律，避免把企业和政府管理照搬到高等教育管理中的角度出发，提出公共管理学的理论基础是高等教育学。尽管公共管理学在理论方面受到高等教育学的不少影响，但它的本质特征是研究如何达到高等教育管理的最佳效益，就已充分说明了这门学科是应用性学科，它的目标就在于通过行之有效的管理使高等教育取得更好的办学效益。从目前所达成共识看，该门学科具有交叉性、融和性和应用性。

公共管理学是一门独立的应用性学科。公共管理学虽然移植、借鉴、融合了其他学科尤其是管理学领域的理论方法，但是以高等教育管理活动的理论与实践问题为研究对象，体现了高等教育领域的特殊性。公共管理学的一大特点是运用理论为实践服务，从而在实践中发展理论，故其特质是实践性。

二、案例教学在公共管理学课程中应用的理性分析

教育工作者们开始着重探究案例教学在单一学科及跨学科教学中应用的价值，比如近年来很多教育界学者、教师开始研究案例教学在

教师教育、教育管理和高校管理中的应用。同样，公共管理学作为培养从事高等教育管理和研究人才的应用性交叉学科，案例教学在其课堂教学中的使用价值值得重视和探讨。案例教学受到广泛推崇的原因在于具有很多的适用性特点。

（一）突出实践性符合学科性质的应用性

同管理学一样，公共管理学的出发点和落脚点都在于为高等教育管理实践提供有效策略和实践方案，是对高等教育领域内的管理实践和经验进行的总结、提炼和升华。公共管理学作为一门应用性学科，具有很强的实践性指向。正如有研究者所述，公共管理学是一门应用性较强的学科，服务实践、在实践中发展是这门学科的重要特色。可见，公共管理学的应用性特点主要体现在它的实践指向性。人们认为，应用案例教学在公共管理学教学中层面和培养高等教育管理人才层面能够有效解决上述问题。在案例教学中，它没有直接简单地告诉学生一个真实的社会组织在干什么，而是让学生在社会生活中已发生的案例中充当角色，运用学生已有的知识，通过自己的分析、思考，得出自己的判断，做出自己的决策，实现从理论到实践的转化，从而使学生在校园内就能接触并学习到大量的社会实际问题，弥补实践的不足和实际运作能力匮乏的缺陷。这一表述完全体现了案例教学的突出实践性的特点。案例教学实施过程中，围绕一定的教育、教学目的，首先把从高等教育管理实践中采集到的真实事例进行典型化处理，形成可供思考、分析和判断的案例，其次使学习者置身于真实的案例情境中，通过相互讨论和自我研究的方式，运用高等教育管理理论分析、判断进而解决实际问题，达到提高高等教育管理理论水平和实际工作能力的目的。

案例教学是植根于现实时空之中，在直观的生活世界情境中展开的，它不仅能够使公共管理学敏锐地捕捉实践中的问题，并对这些问题进行科学分析、深刻洞见和准确把握，而且拉近了课堂与社会的距离，在教学中将理论学习和实际运用捆绑在一起，供学习者自主思考研究。案例教学的过程实际上就是理论联系实际的过程，突出的实践性完全符合公共管理学学科性质的应用性。

（二）深刻启发性吻合课程目标的指向性

教育领域同时存在着发展教育理论和发展教育管理实践两种现实需要。目前，中国高等教育学专业的培养目标是培养从事高等教育学科的理论研究、教学和高校管理的高层次人才，简而言之就是培养学术性人才和实用性人才。课程学习是实现培养目标的一个重要环节，课程目标在一定程度上是人才培养目标细化的缩影。公共管理学的课程目标具有明确的指向性，它的重心就是培养高等教育学硕士学生在高等教育管理领域的理论研究能力和高校管理的实践能力。众所周知，适合的教学方法是达成课程目标的关键因素，从这个角度出发，具有深刻启发性的案例教学必将凸显其独特的优势。

在案例教学中，不存在绝对正确的答案。案例教学的目的就在于运用案例，启发学生独立自主地去思考、探索，注重培养学生的独立思考能力和分析问题、解决问题的能力，而不在于让学生死记硬背。通过案例教学，启发学生建立一套思考问题的方法和分析问题、解决问题的思维方式，使他们能够站在一个较高的视野和角度上来看待问题。在此过程中，学生变被动为主动，脱离了对教师的依赖性和有标准答案的思维定式，在学习中自主思考分析，将理论学习与实际运用融会贯通，提炼出不同的解决方法和答案，在讨论中吸取他人的新观点拓宽自己的思路从而有所创新。在教学过程中，教师讲课要求非常精练，具有启发性，对于学生在课上提出的问题教师往往不直接回答，而是以更深入的问题去引导学生思考。案例教学能够培养学生独立思考的习惯、团队合作的精神和学习个性，提高学生分析、解决问题的能力，激发创新思维，锻炼搜集处理信息、语言表达和文字综述的能力等。无论是针对理论研究还是实践工作，这些能力都是成为高等教育管理人才必不可少的条件。

综上所述，案例教学能够在高等教育公共管理学课程中发挥重要作用，它的深刻启发性吻合这一课程目标的指向性，从而为实现高等教育学的人才培养目标打下良好基础。

（三）较强综合性契合课程内容的丰富性

案例教学的较强综合性可以从两个方面来理解，首先，案例教学中的案例较之一般的举例内涵更为丰富。在案例教学中，案例起着至关重要的作用。作为教学案例一般需要具备以下四个条件：第一，取自社会经济活动中的现实问题或曾经发生的历史案件，相关资料客观真实有较强的实践性。第二，在同类事件中具有典型性和代表性，蕴含值得研究的问题。第三，紧扣相应主题简单生动地描述了事件的发展过程。第四，以叙述事件为主，内容丰富。一个优质的教学案例包涵了多样的学科视角，学生通过阅读和分析，根据各自知识背景的差异，可以引申出多样的问题和答案。这四个特点都体现出案例内涵丰富的特点。其次，在案例教学中，案例的分析、解决过程较为复杂，它不仅需要学生具备基本的理论知识，而且还应具有审时度势、权衡应变、果断决策的能力。因而，案例教学的实施，需要学生综合运用各种知识和技巧来灵活处理不同的案例问题。

公共管理学中蕴含了高等教育管理领域的所有理论和实际问题，在学科发展过程中大量吸收了诸如社会学、政治学、经济学、心理学、人类文化学和普通管理学等学科的理论和方法。公共管理学的课程内容包含了基本理论和实践问题两个方面。人们认为，公共管理学的基本理论，不论是宏观的外部关系或微观的内部结构的研究，都涉及诸多学科，需要诸多学科的支持，从多学科、多视角进行审视、探索，才能比较全面和深入地理解高等教育管理的本质、功能、价值，掌握高等教育管理的内外关系规律。公共管理学中现实问题的研究同样需要多学科的视角。具体来说，经济学讨论高教管理的规划和经营；法学讨论政府、社会和学习的关系，也讨论大学治理结构；社会学讨论高教公共政策，讨论高校组织的功能；哲学讨论高教管理中的矛盾和各种关系，讨论价值追求和活动规律；心理学讨论人本管理和学术生态等。因此，对公共管理学的多学科分析就显得非常重要。由此可见，公共管理学课程表现出涉及面广、内容丰富的特点。

通过上述分析，在有限的课程教学时间里，实施案例教学能够展现公共管理学的丰富内容，体现多学科、多视角学习基本理论和研究实际问题的特点。由于以高等教育管理中的现实问题和典型事件作为教学案例，涉及到社会活动的方方面面，基于学生学科背景和知识储备的差异，在教师引导下，必然能从不同的学科视角发现问题、解决问题。因此，案例教学的较强综合性能够契合公共管理学课程内容的丰富性。

第三节　案例教学在公共管理学课程中的应用研究

一、案例教学在公共管理学课程中应用的一般过程

案例教学各个环节的实施都对教师提出了要求，用描述性的语言归纳出具体的细节，主要体现在以下几个方面：①充分的心理准备。②对教学案例和可能从案例中派生出的主要论题有着透彻而深入的理解。③领导案例讨论的技能。④悬置不同观点、保持知而不言和搁置先入之见的准备。⑤富于耐心。⑥概括和澄清观点的能力。⑦作为一名教师应具备的，参与实践、试验、犯错、做中学的意愿。

（一）课前准备阶段

课前准备是开展案例教学的重要保障，尤其是在学生课程教学中，某种程度上而言，课前准备的关键性更甚于课堂教学，教师和学生充分的课前准备对案例教学的成功运用具有重大影响。在公共管理学课

程中，教师和学生分工合作，为课堂教学做准备是实施案例教学的前提条件。

1. 教师的准备

第一，确定教学目标。教师确定案例教学目标是开展教学的第一步。只有明确教学目标，教师在接下来的教学活动中才能有方向、有秩序地进行下去。

第二，选择合适的案例。案例是案例教学的灵魂，巧妇难为无米之炊，教师只有选择适合教学内容的案例，才能为顺利开展案例教学打开局面，而选择优质的案例，则是案例教学成功的基石。

第三，其他准备。除去上述的两个重要步骤，教师还需要做其他的课前准备，主要包括三个方面：首先教师需要提前给学生发放案例材料与讨论提纲，确保学生有充分的时间阅读案例、查阅相关资料，以便为课堂分析和讨论案例做好充足的准备。其次，在发放案例一段时间后，教师需要与学生进行适当的交流，了解他们在课前准备中遇到的问题，提供相关的指导和帮助。在交流过程中，若涉及案例本身的问题，教师应及时予以修正。最后，教师应根据案例教学的实施要求、学生人数、现有的教学条件及案例的难易程度具体设计案例讨论的组织步骤，考虑案例讨论过程中可能出现的问题，并确定应对策略。

2. 学生的准备

在学生课程学习中，案例教学无疑为学生提供了真实生动的学习材料，但同时也对学生自主学习探究的能力提出了更高的要求。

首先，结合课程内容，学生应该协助教师搜集合适的案例材料。多数高等教育学硕士学生已具有一定的理论功底、判断能力和实践基础，拥有快速获取信息的渠道和能力，并且相对于教师而言具有更充沛的时间，学生完全有能力和条件协助教师搜集、整理及确定案例材料。

其次，学生应按照教师的要求熟悉案例材料，认真分析案例，与教师交流疑难问题，以便修改和完善案例。学生之间可以围绕讨论大纲与案例中的疑难问题进行思考与交流，认真查阅资料，整理自己的观点和方案，撰写初步的案例分析报告，为课堂讨论提供充足的信息支持。

最后，在教学环境方面，学生应根据案例教学的要求，主动安排教室布局，提前检查多媒体等教学设备，为教师提供便利的教学条件，确保案例教学的顺利进行。

（二）课堂实施阶段

教师进行案例教学不是"例子＋理论"的简单描述和说明，而是启发和引导学生，对案例涉及的"命题"进行思考、辩论和推理的过程。在案例教学的课堂实施阶段，专家和案例教学实践者一般分为案例引入、创设问题情境、案例呈现、案例分析、案例讨论、诠释与总结六个步骤。而案例教学应用于公共管理学课程中，一般都配合相关的高等教育理论的教学来进行，以构成整个案例课程。结合高等教育学硕士学生课程学习的特点，课前准备工作中已包含了上述问题设置、案例呈现等步骤，而创设问题情境是穿插于案例分析和案例讨论中，因此着重探讨案例教学在这门课程课堂实施中的案例引入、案例分析、案例讨论三个环节。

1. 案例引入

课堂开始的"案例引入"相当于运动员赛前的"热身运动"。案例的引入方式多样，比如文本、音频、视频以及多媒体的形式引入，或者教师叙述、学生讲述、角色扮演的方式引入等。但案例引入的方式要结合学生群体的特点、案例材料的主题和教学环境这三个因素。学生是已有多年学习经历的成人，在课前已阅读和初步分析了案例材料，教学环境一般为多媒体教室，因而在公共管理学课程中，教师一般宜采用直观生动的方式，即利用多媒体展示数据资料、视频等方式配合个人叙述来引入案例。案例引入的目的在于引起学生对案例内容的关注，阐释案例学习所要达到的目标，说明接下来围绕案例的活动计划、活动要求和时间安排等。

2. 案例分析

案例分析作为重要的教学环节渗透于案例教学的课前准备和课堂教学阶段。在课前准备阶段，教师倾向于综合分析，即指出案例的关键问题；而学生侧重于结合分析，在初步形成自己观点后，用案例之外的统计资料、数据、事实、个人经历来证明自己观点，丰富初期案例分析报告的内容。在课堂教学过程中，教师和学生共同理清事件的脉络和问题的头绪，结合课程专题对案例更进一步分析。在这一阶段，教师和学生都倾向于引导性分析和专题分析。引导性分析是指事先预计讨论中会遇到什么样的问题，做好准备，适时提出这些问题，把讨论引向深入；专题分析是指不对案例作全面分析，而集中于案例的某一个方面、某一问题或某一备选方案作深入分析。在案例分析过程中，教师和学生都应注意抓住问题的关键，避免过分拘泥于细节。另外，在课堂教学过程中，学生应认真捕捉和记录论证自己观点的数据、事实和他人的看法，进一步完善案例分析报告。

3. 案例讨论

案例讨论是案例教学的核心环节。如果根据教师给学员提供的案例材料的充分程度，又可以将案例讨论按由低到高的难度分为三种形式：讨论式、辩论式、研讨式。学生的课程学习强调自主探究和科研训练，因此在公共管理学的课堂教学过程中，研讨式是最合适的课堂讨论形式。在研讨式中，教师主要针对案例呈现关键性问题和讨论角度来激发学生的自主思考。在这一过程中，教师担任的是主持人的角色，在讨论逐渐沉闷失去活力时，适当插话，与此同时，抓住合适时机，提供富有洞察力的观点，帮助学生深入分析问题，以便讨论的话题内容越来越明晰；学生则通过讨论来展示自己案例分析的成果，整合他人的观点，形成解决问题的思路。

在公共管理学课程开展案例教学过程中，案例讨论可分为以下三个阶段：

第一，开始讨论阶段。开始讨论阶段包括案例讨论前的"热身"和提出案例症结。其中案例讨论前的"热身"是指教师暂时撇开案例本身，专门对案例讨论的功能和作用大加肯定，然后充分肯定学生在课前所做的大量准备工作，有所侧重的暗示准备充分或观点独特的学生主动发言，起到抛砖引玉的效果。教师热身的目的在于营造出安全、自由的案例讨论氛围，从而鼓励每个学生都积极参与到案例讨论当中。提出案例症结则是指教师针对案例抛出关键性问题和讨论角度，提点学生的思考问题和案例讨论的方向。

第二，综合讨论阶段。综合讨论阶段所占的时间最多，是案例讨论最核心的部分。在这一过程中，案例教学专家认为案例讨论一般与八个问题紧密联系在一起：①案例中的疑难问题是什么？②哪些信息至关重要？③解决问题的方法有哪些？④做出决策的标准是什么？⑤什么样的决策是最适宜的？⑥应制定什么样的实施计划？⑦什么时候将计划付诸行动以及如何付诸？⑧如何进行整体评价？在这一阶段，学生需要分享自己案例分析的成果，通过交流、讨论甚至争辩，让不同的观点和方案交汇碰撞，产生智慧的火花。

在案例讨论中，学生需要遵循案例讨论的一般原则，包括：①仔细聆听每位成员的想法；②尊重每位成员的想法；③不要打断别人的发言；④包容与自己不同的意见与想法；⑤踊跃参与讨论；⑥当有疑问时就提出问题；⑦不要制止他人的言论；⑧保持讨论的焦点。但实际的讨论可能会出现各种局面，比如有的学生可能无视他人自说自话，有的学生则一直保持沉默。因此，教师引导案例讨论的技巧是这一环节维持有效最关键的因素。

第三，归纳结论阶段。归纳结论就是教师针对案例讨论的收尾工作。在这一阶段，教师需要简单归纳讨论过程中学生的观点，整体把握针对关键问题的讨论，评析富有创见和有失偏颇的观点，并指出讨论中学生忽视、遗漏或挖掘不深的问题。针对有偏颇的观点，教师应首先肯定其合理之处，再说明自己认为不合理的原因，给予学生参考。案例教学中，学生个性化的学习和收获是在案例讨论过程本身中产生的，因此，教师在案例讨论结束时所做的案例小结不应该诋毁或者否定已结束的案例讨论；如果教师试图对案例问题给出一个"正式"的答案或者"一致性"的问题解决方案，许多学生就会感到他们花在案例准备和案例讨论的时间被白白浪费了。由此可知，归纳结论阶段跟综合讨论阶段一样，需要教师具备相当的技巧。

（三）课后总结阶段

在课堂教学结束后，教师和学生都应该认真总结反思教学的实际效果和收获。从教师的角度，在课后教师需要评价案例的质量、案例讨论的效果等。通过与学生的课后交流，教师可写一些对案例的评价来总结案例的适应程度，为以后的教学和相关内容的研究积累丰富的资料。另外，关于案例讨论的效果，教师可从三个方面来评价案例讨论成功与否：①是否每个学生都发表了自己的观点，参与了讨论；②讨论的问题是否紧密联系案例材料地核心问题；③课后是否有学生还在饶有兴趣地讨论案例，与教师进行进一步的探讨，或者根据案例的核心问题开展自主学习研究。从学生的角度，在课后学生应对比自己和其他同学在案例讨论的表现及表达的观点，以此找出自己的差距和理论弱点，对没有透彻分析和理解的问题可找同学或教师进一步交流，从而整理和完善案例分析报告。另外，由于课堂时间和课程内容的限制，学生讨论的案例问题只围绕了某一期的课程专题，而内涵丰富的案例包含了很多值得探讨的高等教育问题，学生可根据自己的兴趣深入挖掘其中的问题，作相应的研究从而训练自己的科研能力。

二、公共管理学现行教学方式概述

我国高等教育学专业学生课程主要还是以教师讲授和共同研讨相

结合的形式进行。从当前高等教育学学生的教学情况来看，虽然传统的教学方式——教师讲解——在许多高校占据着一定的地位，但不少高校已经开始尝试由厦门大学高教所首创的"学习—研究—教学实践三结合"教学法。这一简称"三结合"的教学方法，是指教师在一门课程的教学过程中，通过精心的组织与安排，引导学生在课程学习过程中把学习、科学研究与教学实践活动三者有机结合起来，富有成效地完成该门课程的教学任务，使学生不仅系统地学习一门课程，又能深入地钻研一个或几个课题，获得讲课和主持课堂讲座的教学实践经验，从而培养学生的自学能力、科研能力、教学能力以及其他相关的能力。"三结合"教学法的实施步骤包括五个环节：

第一，教师讲解。根据课程的需要，任课教师首先指定一组参考书目，然后在课堂上比较系统地、提纲挈领地给学生讲清楚本课程的主要内容和与之有关的最新科研动态及使用的科学方法。

第二，专题研究。学生对所分配的专题（章）有计划地进行研究。除广泛阅读参考资料外，有时还要进行实地调查、访问或参加有关学术会议等。在研究过程中，随时同导师或同学交换意见。然后写成教学提纲或讲稿。

第三，学生主讲。学生就所分配的专题讲课，每次 1～2 小时。然后由其他学生补充或质疑，展开讨论，也可由导师提出问题，组织课堂讨论。

第四，导师总结。一般包括两部分内容：一是对专题的讲课和讨论内容进行总结；二是对讲课者的教学态度、教学水平与能力进行评议，也可对其他学生的提问和讨论情况进行简评。

第五，自我改进。学生根据课堂讨论和导师的总结，修改自己的讲稿，写成研究报告，交导师审阅。师生双方共同讨论进一步修改的意见。

第四节　案例教学在公共管理学课程中应用的价值与建议

一、案例教学在公共管理学课程中应用的价值

(一) 理论与实践的有机结合

理论联系实际是教学过程的一般原则,对学生教育而言也有其特殊的意义。为贯彻这一原则,教师教学过程应注重学生实践能力的培养,理论学习可结合实践中的问题展开,围绕问题讨论理论的内容和意义;教师还要强化实践性教学环节,注重实践、实习、实验等的质量,提高学生识别、分析、解决实际问题的能力,使他们既能用已有的理论知识解决实践中的问题,又善于在实践中发现问题,确立有实践意义的课题,开展创造性研究,从而进一步丰富和发展理论。在未来,公共管理学发展的一个重要方向就是关照实际问题的理论研究和关照理论建设的实际问题研究的相互交叉和融合。由此可见,在公共管理学课程教学中引导学生运用理论解决高等教育管理的实际问题是首要目标,这门课程需要并且呼唤理论联系实际的教学方法,而案例教学正好满足了这一需求。

案例教学的最大特点就是通过实际案例的运用,让学生进一步认识事物的本质和规律,自如地将理论运用到实践中去解决实际问题,因而,案例教学的过程实质上就是理论联系实际的过程。在公共管理学课程中有效实施案例教学,既符合让学生自主参与研究活动的课程学习特点,又能够避免单纯教育理论教学所带来的空泛和脱离实际之弊。案例教学的着眼点不仅在于通过案例的分析,获得蕴涵其中的已经成型的高等教育管理理论或经验,更在于通过课前准备和案例讨论试图让学生对高等教育管理知识产生更加深刻的认识和领悟。通过剖析来源于高等教育管理领域真实的典型案例,学生明确了案例中的问

题所在，分析根源提出各种解决问题的方案，从而丰富他们对高等教育管理知识的理解。另外，在学生眼里，看到的是高等教育管理过程中的某一片段、某一局部。而把一些真实的问题展现在学生面前，要求他们像成熟老练的专业管理人员一样去做出反应，等于给了学生一个实践的机会，这样能冲出现有学科的限制，打破学科的界线。虽然案例问题没有既定的答案，但能使学生懂得高等教育管理活动的不确定性及不可预期性，增强了应对实践的本领。在案例教学中，学生获得的知识是内化了的知识或经验，是"做中学"，获得的是自己已经理解并能驾驭的知识经验，是具有真实背景的知识，而不再像原有的文献研究和课堂讨论那样获得的是抽象的、脱离实际的、空洞的理论，它能够为学生解决类似案例描述的社会实际问题提供有益参考，从而真正达到了理论与实践的有机结合。

（二）提高学生的综合素质

第一，锻炼学生整合多学科知识的能力。学生进行案例分析、案例讨论和专题研究时，面对的是解决高等教育管理活动中的实际问题，这既需要学生原有的知识经验和人生阅历，又需要调动高等教育管理的相关知识，如此一来这一过程实际就是调动多学科的知识解决问题的过程。学生的知识积累是通过知识整合实现的，不仅需要依靠对知识的分化，也需要依靠对知识的综合。如果知识不能形成联系，不能被学生整合、内化成解决案例及专题研究中遇到的各种问题的素质，则学生的知识储备与自身的发展都将受到影响。整合多学科知识的能力是在解决具体问题的过程中逐步形成的，在案例教学中，通过实际问题的呈现、分析和讨论，直至最后得出解决的方案，都需要整合多学科知识进行探究，因此，这一教学方法锻炼了学生整合多学科知识的能力。

第二，提高学生收集、分析和利用信息的能力。案例教学模式为学生提供的是一个开放的学习过程，在学习中，培养学生围绕研究主题主动收集、加工处理和利用信息的能力是非常重要的。在案例教学的课前准备中，学生需要利用多种手段和途径查阅文献资料，通过对资料的判断、识别、整理和归纳，选取有利信息，从而结合自己的观点整合成初步有效的案例分析报告。在案例讨论中，分析筛选他人和教师的观点，整合成自己原创性的见解也是必不可少的。自主研究、案例分析、案例讨论以及完善案例报告等环节都对学生收集、分析和利用信息的能力提出了更高的要求。由此可见，案例教学能够加强学生收集、分析和利用信息的能力。

第三，提高学生发现问题、解决问题的能力。在公共管理学课程中，案例教学通常围绕一个需要解决的高等教育领域的现实问题展开，在学习的过程中，通过各式各样的案例让学生"身临"各种各样的实际的高等教育管理情境，去摸索、学习处理各种涉及高等教育管理的问题，从而提高学生处理各种高等教育领域突发事件的能力。在专题研究、案例分析和案例讨论的过程中，引导和鼓励学生自主地发现和提出问题，设计解决问题的方案，收集和分析资料，调查研究，得出结论并进行成果交流活动，这一系列环节的目的都在于提高学生发现问题和解决问题的能力。

第四，培养学生的创造性思维。在公共管理学课程中，案例教学多采用自主分析、讨论、交流等方式，案例问题的复杂性、案例答案的多元化，都为学生提供了可以进行创造的机会和宽松的环境，学生有着较大的自由度、不受限制的视角、较多交流的机会来展现自己。案例教学的重心在于学习怎样解决实际问题的思维方式，而不是学到的能够量化的知识。由此可以洞悉，案例教学为培养学生的创造性思维提供了丰厚的"土壤"。

第五，提供学生分享与合作的平台。学会与他人分享是为人应有的品质，而合作的意识和能力，是现代人所应具备的基本素质。案例教学为每个学生提供了分享自己研究的信息、创意及成果的平台。每个学生都有潜在的创造力和智慧，有自己独特的优势和原创性的观点，案例教学在课堂案例讨论、专题研究过程中努力创设有利于人际沟通与合作的教育环境，使学生互相交流和分享研究的信息、观点及创意，通过对他人见解的整合和对比，让学生能够在取长补短不断完善自己成果的同时，共同合作寻找解决问题的途径，可见，案例教学为学生提供了分享与合作的平台。

第六，训练学生的科研能力。学生培养方式由课程学习和学位论文撰写两部分组成，多数专家认为后者更能有效的训练学生的科研能力，殊不知在案例教学中同样能够训练学生的科研能力。在案例教学的运用过程中，案例分析、专题研究、案例分析报告的撰写等环节紧密衔接起来，把教学活动变成了一种特殊的研究活动，活动中，学生需要认真准备、自主思考和探究，实事求是地获得结论，尊重和领会他人想法和成果，从而提高了学生的科研能力。

（三）提高教师的个人素质

在学生的课程教学中，教师拥有更大的自主权，摆脱了固定教学大纲的束缚，可以和学生共同商讨教学计划和教学形式，但以学生主讲为中心的课堂教学，久而久之容易引发教师对教学技能生疏从而教学能力得不到有效提升的问题。案例教学要求教师要具有多方面的能力，并且在教学之前是不具备有些能力的，为了组织好教学，教师需要主动地去提高自己。例如，选择案例、编写案例、整理修改案例等工作都需要教师研究案例的相关理论；课堂教学时，由于教学组织形式发生了变化，对教师驾驭课堂的能力提出了更高的要求；指导学生进行专题研究和案例分析，教师个人首先要具备案例分析和案例研究的能力等。这一系列的教学任务都要求教师不断学习、探索提高自己教学能力的途径与方法，这一过程无形中提升和优化了教师的个人素质。

二、案例教学在公共管理学课程中应用的建议

尽管案例教学受到越来越多教育工作者的青睐，并在一些学科（如法学、管理学等）教学中推广开来，但在其他学科领域中的案例教学尚不多见，在公共管理学中更好的实施案例教学，还需要教师、学生和有关教育部门的共同努力。鉴于案例教学应用于公共管理学中面临的困境和局限性可以从以下三个方面入手进行改善。

（一）加强案例教学硬件设施建设，提高教学手段的现代化水平

良好的教学硬件是保障课堂教学的先决条件，不同的教学方法对教学设施的需求不同，例如，培养师范生的教学技能有专门的微格教室，同样，有效的案例教学要求建立配套的案例讨论室和案例教室。随着时代的发展和信息技术的更新，为保证案例教学效果，高校要加大案例教学基础设施的投入从而加强案例教学的硬件设施建设，主要包括案例教室的建设、多媒体网络的建立、案例模拟实验室的建设等。案例教学在公共管理学课程的应用中，运用多媒体现代化的教学手段既能体现网络远程教育的特点，还可以创新案例教学。例如，可以通过计算机辅助教学、计算机辅助设计等技术的应用制作案例教学课件；通过教学网站进行案例分析与讨论等，这些都可以提高案例教学的教学效果。多媒体网络环境能使案例教学由文字型案例转向多媒体型案例、由静态封闭的课堂讨论转向动态开放的课内外交流、由课堂交流讨论转向计算机设计仿真、由师生的双向沟通转向团队的多向沟通。由此可见，加强案例教学硬件设施建设，为案例教学创设了良好的教学环境，有助于提高教学手段的现代化水平，从而提高教学效果。

（二）重视案例选编工作，建立高等教育管理案例库，提高师生科研能力

除去教师和学生自身这两个不可控因素外，案例资源的匮乏是阻碍案例教学在这一课程中运用和推广的最关键的客观因素。解决这一

问题的当务之急就是教师、学生和相关教育部门重视高等教育管理案例选编工作，努力建立高质量的案例库。选编高等教育管理案例、建立案例库需要做到以下两点。

1. 精心组织教师和学生参与案例的选编工作

以科研组为单位或是以高校为单位组建案例编写小组，整理高校管理实际问题和真实事件，以教师调研、编写案例为主，学生参与协助搜集、调研、整理案例为辅，能够提高编写案例的效率和质量。案例的选择、调研、编写这一系列环节相当于科研训练的过程，一方面减轻了教师个人选编案例的负担，从而把更多的精力投入到案例教学中，另一方面为学生提供了实地调查研究的机会，从而提高了学生的科研能力。

2. 加强校际交流，建立高等教育管理案例库

众所周知，案例库的建立是实施案例教学过程中比较关键且困难的一项工作。公共管理学课程的案例教材原型大多来源于高校，是高等教育管理实践中已产生的问题和已发生的事件。由于高等教育管理案例的稀缺，各个高校之间应该加强交流，建立能够实现资源共享的高质量的案例库。案例库作为案例教学选取教学材料的平台，在案例使用方面，高校之间、高等教育研究机构之间可以确立基于协议的有偿使用机制，使教师和学生在教学和科研需要时，能够通过案例库查阅下载有益的案例材料。高等教育管理案例库的建立能够为案例教学提供丰富的原材料，促进了高等教育管理案例的更新，有助于高等教育管理案例编写工作持久的良性发展；推动了案例教学在公共管理学科教学中应用的理论研究；加快了案例教学在公共管理学课程中运用和推广的进程。

（三）合理利用案例教学，与现行教学方法相结合，提高课程教学质量

在公共管理学课程中，对待案例教学与现行教学方法，应避免两

种倾向：一是坚持现行的教学方法，拒不采纳案例教学；二是认为案例教学是通用的，可替代现行的教学方法。这两种倾向都有失偏颇。实际上，案例教学与现行的教学方法是相辅相成的，并不是所有的课程专题都能采用案例教学，在某些课程专题中现行教学方法的效果优于案例教学。在高等教育学专业的课程教学中，现行的教学方式与"三结合"教学方法基本类似，课堂教学以学生主讲、讨论为主，教师类似于主持人的角色。

　　总之，我们必须认识到，案例教学只是现代教学方法中的一种，课堂教学方法的优化并非简单进行替代，而应是多种教学方法的科学运用。因此，在公共管理学课程教学中，合理应用案例教学，与现行的教学方法相结合，才能有助于提高教学质量。

第三章

高校公共事业管理专业教学质量
保障体系研究

第一节　教学质量保障体系理论基础

一、教学质量保障体系的概念与基本内容

（一）教学质量保障体系的概念

"质量"的基本概念是指物体的一种性质，是一个物理量的概念；另外，质量也指产品或工作的优劣程度。在教学质量中"质量"的概念，我们引用质量管理学对质量的定义：质量是对满足程度的一种描述，满足要求的程度的高低反映为质量的好坏。

教学质量保障体系定义为：为保障和提高教学质量，将教学活动所涉及的各部门、各环节的质量管理纳入统一的监管体系，以使得整个教学质量保障工作得以有机组合。

（二）教学质量保障体系的内容

对于教学质量保障体系的内容，每个学者理解的侧重点不同，所得出的结论也是不同的。就现有的文献来看，大致分为两种情况。

第一，认为"质量"是该体系的侧重点。将"质量"作为教学质量保障体系的侧重点，整个体系就可以简化为教学质量管理体系，简言之，也就是对教师教学质量的评价。这也就是我们常见的学生评教、教师评学的活动。

第二，认为"体系"是该体系的侧重点。将"体系"作为教学质量保障体系的侧重点，那么教学活动所涉及的每个方面都是考察的对象。与第一种情况相比，这种理解更注重了各环节之间相互影响、相互制约的关系。

这里所理解的专业教学质量保障体系是由四个大部分组成的。第一个部分是教学质量目标和管理职责。这一部分包括了学院定位和办

学思想，质量目标，专业设置，各部门的职责、权限和沟通，管理评审和教学评估。第二个部分是教学资源管理。这一部分包括了人力资源管理，教学经费管理，设施建设与管理，教学基本建设管理和教学改革与研究。第三个部分是教学过程管理。这一部分包括了培养计划制订、招生工作、培养人才的全过程和教学文件档案管理。第四个部分是教学质量监控、分析和改进。这一部分包括了对整个教学质量的监控、对结果的分析和对现状的改进。

二、影响专业教学质量的因素

专业教学质量收到很多因素的制约，其中最显而易将的便是教学活动的两个重要参与者：教师和学生。

影响专业教学质量的因素分为内部因素和外部因素。

（一）内部因素

教师因素。教师是教学活动的重要参与者，是学生获得专业知识、提高认识能力、形成专业思维的重要途径。因此，教师是影响教学质量最主要的因素。首先，教师的专业水平将会影响学生在课堂上获取的专业知识的多少。特别是对于新入学的学生而言，一个有着丰富专业知识的教师能够带领学生更快的进入到专业领域的学习。其次，教师的思维水平将影响着学生的认识能力。专业生正处于思维能力的培养期，他们有一定的认知水平却也容易受到外界的干扰。因此，需要教师引导他们以理性的、科学的方式看待问题。最后，教师的专业素养会直接影响学生的专业素养。一个治学严谨，对待专业认真钻研的教师必然会将这种精神带给学生，让学生形成严谨的专业态度；相反，将专业作为一种谋生手段的教师，也会影响学生对所学专业的尊重度。

学生因素。学生是教学活动的对象，教学质量的高低主要是从学生的身上体现的。能否满足学生对教学活动的需求，成为判断教学质量的重要标准。首先，学生的生源质量影响着教学质量。生源质量意味着学生的知识基础，基础知识的掌握程度直接影响着学生的专业学习效果。其次，在专业教育以前的学期阶段，长期的应试教育破坏了学生的创造性和积极性。但是，创造性和积极性又是专业阶段学习很重要的两种能力。因此，能否让学生在学习中充分发挥主动性和积极性，影响着教学的效果。

课程结构因素。课程的设置直接影响到教学的内容能否满足学生对知识的需要，也是影响教学质量的一个重要因素。目前的高校教育基本上是以课堂教学为主要方式，辅之以实践教学。过多的课堂教学会造成学生对知识的接受滞后，缺乏对专业学习的积极性和创造性。因此，在课程结构的设置上，要既能保证充足的课堂教学课时，又要安排丰富的实践教学环节，让学生在理论学习之后能尽快的感受到专业理论知识在实践上的应用，从而激发他们对专业知识的进一步理解。

教学条件因素。教学条件因素分为硬件条件和软件条件，这里我们主要是指教学条件中的硬件条件。硬件设施是进行教学条件必不可少的物质条件，随着信息化在我们生活的各个领域日益渗透，信息化也成为现代教育很重要的一种手段。多媒体教学设备、电子计算机、数字图书馆、网络化的管理方式等都成为了教育现代化的重要标签。学院是否具备这些教学设施，以及是否科学的应用这些先进的技术，成为影响教育质量很重要的因素。

（二）外部条件

社会对专业人才的需求量。从社会的角度来看，教学质量的高低直接从人才对社会的贡献程度体现出来；从学生的角度来看，教学质量的高低体现在社会对自己的需求程度上这两者统一在就业率上。高校的门槛越来越低，让更多的人有机会接受高等教育，同时社会的门槛越来越高，很多学生面临着毕业就意味着失业的尴尬局面。这说明我们的教育在一定程度上脱离了社会的需求。因此，能否满足社会对人才的需求，能否满足学生对就业目标的需求，成为判定教学质量的非常重要的标准。

各级部门对专业建设的支持。高校和政府对专业建设的资金支持和政策扶持将会给专业的发展提供良好的外部环境。高校和政府对专业建设的支持可以使学院在专业教学上获得更多的资源，例如，更好的教学设备，更多派遣教师和学生与国外高等院校交流的机会，更多的机会聆听大师们的思想，更好的条件为学生提供实践学习。

三、公共事业管理专业教学质量保障的特殊性

（一）公共事业管理专业现状及特点分析

我国公共事业管理专业是伴随社会主义市场经济体制的建立和完善，适应政府管理改革和新型公共事业管理体制建立的需要而产生的。教育部将管理学列为一级学科，公共事业管理列为管理学下的二级学科，公共事业管理专业正式成为一个独立的二级学科。这一举措大力推动了公共事业管理专业的发展。公共事业管理是社会组织为了满足社会全体或部分成员的共同需要和协调发展，采取各种形式，对社会的公共事务进行生产、调节和控制的过程，是管理学、政治学、经济学、法学、社会学、心理学等学科在较高层次上的交叉、综合运用的一个管理过程。

公共事业管理的范畴就对公共事业管理专业人才培养方向提出了要求。首先，要具备良好的思想政治素质。公共事业管理的服务对象是社会全体或部分成员，因此作为公共事业管理专业人才，一定要有良好的思想政治素质和强烈的社会责任感。其次，要有复合型的专业知识。公共事业管理专业涉及的学科领域广泛，除了主要的管理学以外，还涉及到经济学、社会学、法学等其他人文学科领域。要能成为合格的公共事业管理专业人才，就需要广泛涉猎专业的知识，并将其融会贯通，运用于对社会公共事务的服务中。最后，要处理好"全才"和"专才"的关系。与其他专业相比，公共事业管理专业显得不够专

业，很多人将公共事业管理专业的学生与公务员联想到一起，认为这个专业就是为政府培养人才的。由于这样的思想，让公共事业管理专业长期处于一个很尴尬的状态，学生不知道如何定位自己的就业方向。针对这样的局面，提出了复合型公共事业管理人才培养模式，即从在校工程类专业的三年级学生中公开选拔招收成绩优秀、管理能力和社会活动能力突出、具有一定领导潜力的学生作为培养对象，用三个学期的时间系统进行公共事业管理专业的理论与知识的教学，以培养复合型高级管理人才。

随着我国社会的变化，公共事业管理专业的发展取得了不容小觑的成绩。在发展中，我们也看到了学科存在的各种问题。其中，最主要的问题就是对学科概念的界定。有学者认为，公共管理以广义的公共组织为研究对象，公共事业管理则以社会公益为目的的非营利性的社会组织（有学者成为第三部门）作为研究对象，公共行政管理则以政府组织为研究对象。其次，是在人才培养上的问题。公共事业管理专业的学生长期以来都处于专业性不强的尴尬局面中。该专业涵盖面广，涉及多个学科，因此需要学生进行广泛的学科学习。同时，由于学时、师资条件等各方面的限制，在对学生的培养上，每一方面都不可能深入的学习。也就造成了学生什么都懂一点，却什么都不精通。最后，是在师资队伍的问题上。同其他传统专业相比，公共事业管理专业成立的时间较短，教师大多有着不同的其他专业背景。很多高校在该专业的师资配备上将社会学、行政管理、经济学等不同学科背景的教师机械的拼凑在一起，从而缺乏能够系统教授公共事业管理的教师。这也造成了该专业发展上的不足。

（二）公共事业管理专业教学质量评估现状及特殊性

公共事业管理专业教学质量评估方式与其他专业的评估方式大体相同，基本都是采用学生评教、专家评教的方式，以定期教学检查与随机抽查、教师自评与学生、专家评价相结合。学生在课程结束时对任何教师的教学表现进行打分，不定期的有专家进课堂听课，从而将教学意见反馈给教师。教学过程管理规定中包含了修订教学大纲、下达教学任务、教材征订、编制教学进程、组织期中检查等内容。教学质量管理规定中包含了课堂教学质量要求、教学检查的内容和形式，以及教学信息反馈。

在现行的公共事业管理专业培养方式下，要提高公共事业管理专业人才的竞争力，要根据学科特点对学科的教学质量进行有重点性的考核。首先，公共事业管理专业的学生是为社会发展做服务工作的，因此，要特别注重学生的思想道德水平。在教学评估的过程中，该专业的学生思想道德水平所占的比重应该适当增加。其次，公共事业管理专业所涉及的专业面较广，每个高校应根据自己对该专业的定位确定教学的侧重点。在教学质量评估的时候要重点加强对关键课程的教学质量的考察。例如，某院校的公共事业管理专业将其人才培养的方向定义为科技型社会服务人才，该专业就要加强学生信息技术知识的学习和能力的培养。最后，要使公共事业管理专业的学生脱离只懂理论不懂实践的状况，就要加强实践教学环节。因此，在对该专业的教学质量进行考核的时候也要注意对实践教学质量的考核。

第二节　公共事业管理专业教学质量保障体系指标的建立

一、公共事业管理专业教学质量评价指标的说明

在众多公共事业管理专业教学质量评价指标中，较为有代表性和权威性的评价指标体系是同济大学的教学质量保证体系和教育部所设定的普通高校专业教学工作水平评估指标体系。管理学院的教学质量保证总流程程序包括四个部分，分别为：院长主持学院教学质量目标和管理职责工作、学院教学资源管理、学院教学过程管理和学院专业

教学质量目标和管理职责的质量监控点。教育部设定的普通高校专业教学工作水平评估指标体系分为两级指标。一级指标包含七个观测点，分别为：办学指导思想、师资队伍、教学条件与利用、专业建设与教学改革、教学管理、学风和教学效果。二级指标为：办学指导思想的观测点有高校定位和办学思路，师资队伍的观测点有师资队伍数量与结构和主讲教师，教学条件与利用的观测点有教学基本设施和教学经费，专业建设与教学改革的观测点有专业、课程和实践教学，教学管理的观测点有质量队伍和质量控制，学风的观测点有教师风范和学习风气，教学效果的观测点有基本理论与基本技能、毕业论文或毕业设计、思想道德修养、体育、社会声誉和就业。另外，还对院校的特色项目进行了评估。通过对上述文献资料的整合，筛选了一些具有代表性的指标，从四个方面构建了公共事业管理专业教学质量评价体系。

（一）办学指导思想的指标说明

办学指导思想是由两个二级指标构成的，分别为专业定位和办学思路。专业定位的主要观测点包括专业的定位与规划，主要是指专业建设规划。办学思路的主要观测点包括教育思想观念和教学中心地位。要求能正确处理专业教学和其他工作的关系，具有先进和明确的教育思想观念，质量意识强。

（二）教学资源管理的指标说明

教学资源管理由五个二级指标构成，分别为人力资源管理、教学经费管理、设施建设管理、教学基本建设管理和教学改革与研究。

人力资源管理的主要观测点包括师资队伍学历构成比例、奖惩机制和师德建设。师资队伍学历构成比例主要指任课教师中具有硕、博士学历的比例以及教授、副教授为专业生授课的规定、比例。奖惩机制主要指教师的专业教学激励机制和教学事故的认定与处理。师德建设主要指教师的师德修养和敬业精神。

教学经费管理的主要观测点包括经费投入管理和经费使用管理。

经费投入管理主要指教学经费的投入，包括对教学所需的软件条件和硬件条件的资金投入。经费使用管理主要包括专项资金、学院有关经费、津贴、实验室账目的管理。

教学设施管理的主要观测点包括教学设施建设和教学设施维护。教学设施建设主要指对教学所需的硬件设施的建设，包括教室、实验室、机房、资料室、图书室等。教学设施维护主要指对学院的教学设施进行维护，包括教室教学仪器的配备与维护、计算机的更新和维护、资料室的整理、图书室图书的更新等。

教学基本建设管理的主要观测点包括专业建设管理、课程建设管理、教材建设管理和实践教学建设管理。专业建设管理主要包括专业的清晰定位、专业特色、课程体系的设计、学生实习基地的建设。课程建设管理主要包括课程教学大纲的设计及修改、优质课程和精品课程建设、双语教学。教材建设管理主要指教材的选用。包括教材的编写、原版教材的引进，优秀教材的评比，教材供应等。实践教学建设管理主要指实践教学的内容与体系。包括学生进行社会调查和社会实践、实习活动的管理。

教学改革与研究的主要观测点包括教学改革和教学研究。教学研究主要指对课程体系、教学内容、教学方法与手段、考试方法的研究。教学改革主要指对课程体系、教学内容、教学方法与手段、考试方法的改革。

（三）教学过程管理的指标说明

教学过程管理由四个二级指标构成，分别为培养计划管理、招生工作管理、培养人才全过程和档案管理。

培养计划管理的主要观测点包括培养计划制定和培养计划审核。培养计划制定主要指根据专业目标与学院自身情况，制定合理、详实的学生培养计划。培养计划审核主要指根据学科发展的不同情况，对既有培养计划进行定期的审核、修改。

招生工作管理的主要观测点包括招生计划制定和生源状况分析。招生计划制定主要指根据高校政策和学院实际情况制定招生计划。生源状况分析主要指对每年入学新生的生源状况进行分析，以便合理的调整培养计划。

培养人才全过程的主要观测点包括日常教学管理、政治思想工作、学风建设、学籍管理和体育锻炼。日常教学管理包括提前组织教材征订；教师编制教学进程计划，合理分配课堂讲授、实习和讨论的学时；期中教学检查；毕业论文、毕业设计、社会调查（实习）。政治思想工作主要指对学生开展思想政治工作，例如按期发展学生党员，开展党组织活动。学风建设主要指培养学生形成良好的学习风气，包括课堂纪律、考试纪律、学生自学情况的建设。学籍管理包括学生新学期选课、课程成绩和学籍管理。体育锻炼主要指学生体育活动的开展，包括校运动会、学院的各项体育比赛等体育锻炼活动。

档案管理的主要观测点包括教学文件管理和学生档案管理。教学文件管理主要指教学文件、教学成果、考试试卷、毕业设计、毕业论文等教学相关资料的管理。学生档案管理主要指学生基本情况的统计与管理，以便学生工作的开展。

（四）特色办学的指标说明

特色是指在长期办学过程中积淀形成的，本专业特有的，优于其他专业的特点。特色应当对优化人才培养过程，提高教学质量作用大，效果显著。特色有一定的稳定性并应在社会上有一定影响、得到公认。特色可体现在不同方面：如治学方略、办学观念、办学思路；科学先进的教学管理制度、运行机制；教育模式、人才特点；课程体系、教学方法以及解决教改中的重点问题等方面。办学特色是各专业根据自己的实际情况进行特色教育的一项活动，在各个方面均可以体现，因此，为了避免指标计算的重复，这一指标不作为本次研究的考察范围。

二、公共事业管理专业教学质量评价指标的筛选

从现行的质量评价体系来看，一般都是以高校或者学院为单位，因此由现有文献所选取的评价指标具有一定的局限性。首先，指标的选取具有较大的个人主观性。其次，适用于全校或者全院的指标，不一定适合某一专业的教学质量评估。针对以上的问题，还需要对评价指标的科学性进行考查。

第三节　提高公共事业管理专业教学质量的建议

一、明确办学思想，抓准专业定位

办学思想和专业定位是一个专业发展的指南针。专业定位决定了该专业需要培养什么样的人才，这些人才需要具备什么样的素质。在对专家进行咨询时，专家普遍认为办学指导思想对一个专业的教学质量有着很强的影响力，只有办学思想明确，专业定位准确才能让专业建设在一个正确的道路上前进。

对公共事业管理专业而言，综合性是其一大特色，能不能将各专业的知识有机的结合对其发展十分重要。在对专业进行定位的时候要考虑到本专业人才的培养方向与社会需求是否一致。公共事业管理专业在专业分类里是属于文科，但是社会对该专业人才的要求却不仅仅局限于文科知识。在专业的定位上，公共事业管理专业不仅要根据学科的发展前景，还要根据市场对相关人员的能力需求进行专业定位。从宏观上来说，公共事业管理专业不能将自己定位为纯文科，该专业应该是既有管理学基本知识又有社会学基本知识，以及适当的理工类学科基本知识等学科的综合体。另外，公共事业管理专业的学生还需要有较强的文字表达能力、一定的数据统计和分析能力和相适应的计

算机使用水平。因此在课程设置上要打通文理科的壁垒，加强学科间的渗透，加强学生对知识综合运用的能力。公共事业管理专业应该以培养思想觉悟高的多元化人才为培养方向。从微观上来说，每一个院校应该根据自己的优势重点突出专业特色。公共事业管理专业是为社会输送社会管理服务型人才的学科，涵盖面广，只有突出了专业特色才能使该专业的建设在众多院校的公共事业管理专业中脱颖而出。例如，某院校突出该校公共事业管理专业学生的社会服务能力，因此该学院有计划的组织学生进行社会实践活动，在实践中进行课堂教学。学生在学业结束的时候就有丰富的实践经验，其较强的社会服务能力就能够成为该学院公共事业管理专业学生的核心竞争力。

二、加强师资建设，完善奖惩机制

教师是教学环节中重要的参与者，师资队伍是否符合教学目标的要求，对教学质量的影响十分重要。教师的专业素养要和学科的发展相适应，在师资建设上不仅要加强教师专业知识的提高，还要加强对教师个人素质的综合提升。首先，学生在课堂上主要是学习专业知识的，因此教师的专业素养是需要不断提升的。一方面学院要为教师提供丰富的学习机会。例如聘请相关专业知名专家来院讲学，举办座谈会，让更多的思想得到展示，扩宽教师的思路。也可以有计划的安排教师参加各种专业培训，在第一时间吸收专业最新的思想动态。另一方面教师也要利用自己的业余时间积极参加院里举办的各类讲座，时刻关注学科动态，主动提升自己的专业知识。其次，教师是教学活动中直接面向学生传授知识的群体，教师的综合素质十分重要。学生在课堂上接受专业知识学习的同时，也会受到教师个人魅力的影响。一个认真负责，对专业刻苦钻研的教师自然就会给学生塑造一个好的形象，学生也会受到教师的影响认真对待自己的专业。最后，要加强教师外语水平的训练。目前很多的课程需要进行双语教学，对教师进行英语水平的训练就是十分必要的。语言的培训不仅可以让教师更好的用双语进行教学，还可以让教师可以直接阅读国外先进理论的原著，及时了解学科新动态。选派优秀的教师到国外进修，与国外的公共事业管理专业教学交换教学经验也是提高本校该专业教学质量的一种方法。

完善的奖惩机制是维持制度有效运营的保障，既可以督促教师自觉做好教学工作，又可以激励教师对专业知识和教学方式进行新的探索。现在很多政府、事业单位、高校这类非营利性组织也采用了企业的绩效考核制度。教师的工作与企业员工的工作不同，无法完全用业绩来考核，因此在进行绩效考核的时候要避免打击了优秀的教师而让做表面工作的教师得到了好评。在对教师进行绩效考核的时候要采取定量考核和定性考核相结合，不仅要注重目标的完成，更要重视过程。一个教师在学生身上的投入，大部分是在计量中无法计算的，因此要保护那些关心学生、注重教学投入的教师的积极性。

三、增加经费投入，注重实践锻炼

充足的办学经费是增强专业教学软件条件和硬件条件的基本保障。在信息化发达的今天，教育信息化也是在飞速发展着，层出不穷的新型教育方式正在逐渐弥补传统课堂教学的缺陷。在大学的校园乃至中学的校园里，我们都可以看到除了教师的讲授以外，投影仪成为了课堂教学的好帮手。通过幻灯片，学生可以在课堂上获得更为丰富和多层次的信息。不仅是这样，电子计算机不断渗透进每一个学科领域，双语教学逐渐成为专业学习的新要求。教育方式的改变都要求硬件条件和软件条件的配套。在与专家交流的过程中，不少专家提出在专业教学设施中，硬件条件的配置是很到位的，但是软件条件需要得到提升。例如，有专家指出，教师的工作量比较大，除了教学任务以外还有科研任务，教师没有闲暇时间来对自己进行"充电"。在信息迅速膨胀的时代，教师需要不断的提升自己，掌握新技能，提高外语水平才能跟上教育发展的步伐。还有的专家提出，教师工资偏低影响了教师的教学热情。近几年物价上涨迅速，但是教师的工资却上涨缓慢，有专家认为大幅度提高教师的课酬是提高教学质量的关键。总而言之，要想提高专业教学质量，加大教育经费投入，并且将这些经费进行合理的有规划的使用时非常重要的。

教学的目的不仅是为了让学生学会理论知识，更重要的是要让学生将所学的理论知识运用到实践中，在实践中拓展、丰富知识。因此，对于任何一个专业的教学来说，实践教学都是十分重要的。对于公共事业管理专业而言，其培养的人才是要面向社会做服务性工作的，其实践教育的培养显得更为重要。根据大学生的认知发展规律和公共事业管理专业教育的特点，实践教学可以分为三个阶段：第一阶段是在大一、大二的时候，其目标是增进对社会和专业的认知，主要以课程中的实践教学来实现；第二阶段是以大学三年级的学生为主，目的是初步掌握专业基础知识和专业知识的实际运用与操作，主要以专业案例课程教学、公共管理模拟室课程软件操作、到实习基地观摩实习以及学生自主实践活动等为主来实现；第三阶段是以大学四年级的学生为主，其目标是综合提升专业知识操作技能，能较独立地完成实践实习任务，能较独立地对公共管理问题进行实证研究和理论研究与创新，主要通过毕业实习和毕业论文等时间教学来实现。在问卷调查的过程中有专家提出应该将实践教学专门作为一块来进行审查，还有专家提对学生进行社会教育和求职教育也是十分重要的。

四、调整课程设置，规范设备管理

学生在高校学习的目的不仅仅是为了获得毕业证书，更重要的是提升自己的素养和能力，最直接的目的在于能在走出校园后获得社会的认可，寻求自身的社会价值。随着社会需求的变化和专业的不断发展，课程设置也应该是相应变化的。在对大学四年级学生的访问中，不少学生提出在找工作的过程中，所学课程对他们的帮助很小，感到自己的学习和社会需求有一定程度的脱节。面对这样的问题，需要学院根据不断发展的学科情况修改课程设置。对于低年级的学生，特别是大学一年级的学生，应该以传统的专业课知识为主。加强对新生传统专业课的学习可以让学生尽快熟悉专业内容，培养专业敏感度，为以后的交叉学科知识的学习奠定良好的专业课基础。对于大三、大四的学生，要加强实践能力和交叉学科的学习。加强实践锻炼在上一部分已经提及，这里主要强调交叉学科的学习。不同的专业会有不同的专业课知识，这些只是区分了不同专业学生的专业能力，也是学生未来走向社会的核心竞争力，但是现在的社会越来越需要专业能力突出同时又具备其他专业基本知识的复合型人才。公共事业管理专业的学生未来所从事的工作主要是职能类的，因此良好的计算机能力和外语能力十分重要，在课程设置中可以适当的在高年级课程中加强相关的课程学习。

教学设备是教学活动中重要的辅助工具，也是学生在理论上进行实践模拟的重要工具。图书室、语音室和机房是学生常用的教学设备，对这类教学设备的管理应该尽量简化使用申请程序，让学生能够很方便的使用。同时也要加强监督和维护，避免学生的使用不当对设备造成损失，也要引导监督学生将教学设备运用在正确的途径上。对于运行成本较高的教学设备则应该加强管理，规范使用申请程序，以减少不必要的支出。可以采取教师提前预约的方式进行申请，然后根据每个教师的使用情况，将教学时间相近，教学内容或者目的相同的班级放在一起进行教学演练。学院在维护现有设备的同时也需要根据自身的教学和经济状况引进先进设备，以便提高教学效果。

五、注重教学改革，丰富培养过程

教学改革是在严密的教学研究的前提下进行的，也是同上一部分提到的调整课程设置同步进行的。教师在授课和科研之外，还需要进行教学研究，这种教学研究与一般科研不同的是其面对的对象最直接的是自己所授课的学生。教师在通过长期的教学过程中会累积很多的教学经验，将这些经验结合学科的发展以及学生的实际情况进行教育研究和改革必然会使得教学内容更加适宜学生的需求，提高学生的学习兴趣。在长期的教学活动中教学方式得到了很大的改善，从最开始的教师讲授学生聆听到现在开放式课堂的广泛运用就是教学方式和内容不断改革的成果。在教师讲授为主的封闭式课堂中，学生被动地接受知识，大多数知识只是机械的记在笔记本上，很少被领悟。在开放式的课堂中学生成为知识的主人，他们可以通过自己的预习成为其他同学的教师，学生在备课、授课以及与其他同学的讨论中加深了对知识的理解，将机械的记忆变成了灵活的理解。

高校阶段的四年是学生人生观、价值观形成的重要时期，在对学生的培养中要全面立体的看待整个培养过程。除了上述分析过的课程设置，实践活动等与专业学习密切相关的部分以外，学生的思想道德修养、体育锻炼、心理健康等方面的培养在培养计划中也应该是很重要的部分。物质、浮夸等不良的社会风气也吹进了高校，特别是学生家长对孩子提供的生活条件越来越好，很多学生养成了娇生惯养的习惯。家长的过多呵护也让孩子缺乏责任感和同理心。在大学的教育中，树立正确的价值观，培养学生对自己、对家庭、对社会的责任感也是教育的一部分，因此学院对学生进行适当的正面引导有利于学生形成健康的社会心理和正确的生活方式。

六、分析学生情况，完善培养计划

学生情况的分析主要分为三个部分：生源情况分析、在校学习情况分析和毕业生情况分析。生源情况分析是需要在学生初进校的时候完成的，通过对生源情况的分析可以让学院初步了解新生在以往的学习生活经历，掌握学生的基本情况。在校学习情况分析是指在四年的专业学习期间学生的学习状况、思想动态等方面。毕业生情况分析主要是分析论文质量、毕业生就业情况。对学生的情况进行分析可以动态的看到学生通过四年学习所发生的转变。从整体上来看，全院学生的学习能力得到了提高，思想素质得到了提高，就业情况良好，就说明学院的培养方式是正确的。这样动态的分析也可以让教师更关注那些发展潜力大的学生，可以给予更多的帮助。同时，对于极少数问题学生，也可以在动态的分析中找到他们成长的规律，更好地帮助他们走出困境。

分析学生情况的目的就是为了完善培养计划。学生发展情况大体良好只能说明学院的培养计划在大方向上是正确的，那些不足的地方也需要在动态分析中找到，从而对培养计划进行完善。随着社会环境的变化，每一个社会阶段的年轻人都会呈现不同的状态，社会需求也会有变化。学院要根据学生情况的变化及时调整培养计划，以使得教学内容和学生的需求相一致，学生所获得的能力培养与社会需求相一致。

第四章

高校公共管理学课程体系的
质量保证研究

第一节　公共管理学课程的质量保证

一、公共管理学课程的设计和实施

课程是教学的基本单元，也是质量保证的核心。公共管理学课程的质量保证不仅应保证教学过程的质量，而且要保证公共管理学课程设计的质量。通过公共管理学课程教学设计、制订策略以及组织实施，以提高学生的学习能力，实现高质量的公共管理学课程教学。

（一）公共管理学课程设计开发

公共管理学课程设计开发既要满足公共管理学课程教学目标，又要能够适应学生个性化发展的需要。一些公共管理学课程，如思政课程、专业核心课程等还需要符合国家标准。通过合理的课程设计开发，保证公共管理学课程教学目标的实现。一般而言，公共管理学课程设计开发过程由设计、实施、评价三阶段构成。

1. 公共管理学课程设计开发步骤

第一步，设置公共管理学课程情景，为公共管理学课程开发做好基础性工作。在公共管理学课程设计过程中，应考虑学生和其他利益相关者的责任。公共管理学课程设计只有确保合法性、责任性、实用性和支持性，才能提高教学过程的有效性，实现高质量教育。合法性是指保证公共管理学课程教学内容没有意识形态和学术上的错误；责任性是指保证公共管理学课程任课教师在教学过程中的主体责任以及学生学习的主体责任；实用性是指公共管理学课程设计的学习成果定义有利于学生能力的培养，支撑毕业要求的达成；支持性是指保证公共管理学课程实施所必要的教学设施和教学条件。

公共管理学课程设计和实施的组织结构应简单、灵活，能够快速响应公共管理学课程实施外部环境变化的需求。如果有必要，可设立公共管理学课程顾问委员会，由同行专家、学院、学科专业负责人、教师等组成，通过公共管理学课程顾问委员会定期的活动，以确立公共管理学课程设计、实施和评价中的关键问题。

第二步，组建公共管理学课程开发团队，开发新的公共管理学课程或对现有的公共管理学课程进行修订。由于个人不可能具备设计和开发高质量公共管理学课程所需的全部技能、专门知识和能力，因此公共管理学课程团队负责人需要确保整个团队获得完成其职责所需的知识、能力和经验。一般来说，公共管理学课程团队成员应该具有创造性、创新性和远见卓识，他们应该有公共管理学课程教学或教材编写的经验。在公共管理学课程开发之前，应收集与公共管理学课程相关的文件，包括：国家教育政策、高校相关教学要求文件和其他材料，如公共管理学课程评估报告、公共管理学课程内容、教材等。开发过程中，应征求利益相关者和专家的意见和建议，制订和编写公共管理学课程大纲，开发公共管理学课程资源和教材，并组织任课教师进行研讨。

第三步，进行公共管理学课程需求评估和分析。需求评估是识别"是什么"和"应该是什么"之间差距的过程。

这里的现实情况包括：培养目标是什么？上课地点在哪里？哪些资源和支持来实施公共管理学课程（公共管理学课程标准、公共管理学课程指南、教学大纲、财政和人力资源、教材）？教师队伍的特点（资格和素质）和表现如何？教师如何理解公共管理学课程并将其转化为课程教学活动？学生的特点和表现如何？学生如何在课程教学过程中进行互动，并将其转化为公共管理学课程学习成果？

第四步，确保公共管理学课程或修订公共管理学课程所需的资源，如财力和人力资源，同时必须为公共管理学课程的调整提供足够的资源保障。比如，保证上课教室、实验室数量，并根据公共管理学课程教学的需要配备智慧教室或信息化设施，实验设施器材配置到位等。

第五步，确定有效实施新课程所需的教师，并且依靠有效的激励和约束机制保证教师的专业发展。教师首先应理解新课程在整个公共管理学课程体系中的位置，明确公共管理学课程的教学目标；教师要投入足够的时间和精力备课，上好每堂课，了解学生的基本情况；教师还应根据教学大纲要求做好学生学业考核评价工作。高校建立的激励和约束机制能够促进教师认真教学，同时，得到相应的教学支持服务，提高教学能力，促进专业发展。

2. 公共管理学课程支撑的专业能力确定

在公共管理学课程设计过程中，应明确本门课程支撑学生预期学习成果所描述的专业能力。第一步，专业能力应界定在特定领域内。根据本课程在公共管理学课程体系中承担的毕业要求，进一步界定本领域相应的专业能力。

第二步，专业能力应解决特定领域的问题，并加以规定。

第三步，区分认知方面和实践方面的能力。在认知方面，指学生通过基础知识学习而获得的特定能力。在实践方面，指学生应掌握的运用和操作技能。

第四步，定义认知和实践方面的能力应达到的程度。也就是能力的等级或水平。能力应达到的程度可依据布卢姆教育目标分类学理论，用相应的动词加以描述。

通过上述四个步骤，确定公共管理学课程的专业能力以及应达到的程度，这样就为公共管理学课程的教学大纲制订奠定了基础，为公共管理学课程实施和评价做好了基础性工作。同时，也为教师教学和学生学习策略生成提供了依据。

在专业能力的确定过程中，应以学生为中心，充分听取利益相关者的意见，并得到学生的理解和支持。这也是质量保证体系的一个组成部分。要确保公共管理学课程内容和预期学习成果的清晰描述，要选择教学和评价方法，鼓励学生主动学习和提供灵活的学习路径，指导学生学习。除了鼓励学生参与课程设计外，还应听取外部利益相关者（例如校友和雇主）的意见。而最重要的是教师必须积极投入。高校也应支持教师参加教学培训，包括分享良好的实践，支持使用各种教学方法，并提供反馈机会。

（二）公共管理学课程实施和评价

公共管理学课程质量和教师教学很大程度上影响到学生的学习质量。专业应科学、合理地设计、实施和评价课程，有效组织教学，提高学生学习成效。

1. 公共管理学课程实施

公共管理学课程实施是对完成课程设计的公共管理学课程组织、课程教学活动的过程。公共管理学课程实施的有效性取决于课程标准、课程指南、教学大纲。在高校层面，公共管理学课程实施是指通过教师与学生在真实的学习环境中互动，将设计规划好的课程付诸实施的过程。通过课程的实施，学生获得学习体验，达到预期的学习成果。

在公共管理学课程实施过程中，为确保教师教学符合课程标准，教学督导通常参与监督教学质量，并承担问责（检查、控制、评估）和质量改进（建议、协助和支持教师）等职能。除了教学督导参与监督或评价之外，教师对公共管理学课程的自我评价也应是质量保证体系中的一个重要组成部分。对日常教学的监督通常在课堂中进行，这样会更有效，从而实现更好的质量改进。监督是为了后续的持续改进，为改进而采取的决定和行动必须得到可靠的信息支持，及时、真实地反映教学质量。

收集公共管理学课程实施过程中的有用信息包括：①在课程实施过程中，使用形成性评价和终结性评价相结合的方式定期收集数据（证据）。②通过多种渠道（教师、学生和其他利益相关者）以不同的形式（课堂观察、访谈、利益相关者调查、课程文件、学生作品以及学生考试和测试中的表现）收集证据，这些证据能够很好地代表、展示教学质量和课程实施效果。通常情况下，收集的证据应是可观察、可测量的，以便对信息进行分析、比较和评估。

公共管理学课程实施成功与否的关键还在于专业是否适当地配置人力和财力资源，并为教师实施课程设计和制订计划创造空间。高校实施课程改革面临的四大挑战或实际困难：①缺乏称职的工作人员；②教师态度和潜在的阻力；③对未知事物的恐惧；④资源匮乏。因此，为公共管理学课程实施所进行的能力建设和资源管理就显得很重要。高校要有效地配置人力和财力资源，离不开适当的专业自主权，将学术权利重心下移，同时也离不开对其人力和财力优势和局限性的充分了解。通过对课程实施的优势、劣势、机会和威胁等分析，分析组织及其环境总体形势，制订并实施人力资源发展规划，为公共管理学课程实施提供优质的师资和条件。

2. 公共管理学课程评价

公共管理学课程评价为公共管理学课程政策，公共管理学课程调整和公共管理学课程实施过程的反馈提供了依据。公共管理学课程评价的关注点集中在两个方面。第一，教师在教学过程中如何成功地实施课程教学大纲和制订教案？课程实施的有效性如何？按教学大纲开展的课程教学活动是否产生预期的结果？从高校管理层的角度来看，这些信息可以用于问责。第二，专业如何根据学习系统收集到的证据对课程教学活动和学生表现进行数据分析？其分析结果是如何改进课程设计和教学策略的？如何才能最好地改进课程设置，并从课程和专业发展的角度提高学生学习和教师教学的整体质量？这些信息可以用于改进，这是来自教学过程的直接证据。

在公共管理学课程评价过程中，高校管理层会关心两个问题：①专业有什么机制来评估公共管理学课程实施的有效性？②专业如何利用公共管理学课程评价数据来进行课程的设计和规划？质量数据是任何成功的课程评估过程中的关键组成部分。一般来说，应以各种形式从多个参与者收集数据，以便准确判断和评估实施公共管理学课程对学生学习（成就）的影响。以学生的学习结果为汇聚点，提供教学基本状态与学生发展的数据。

需要强调的是，公共管理学课程评价的最终目的是为了实现教学质量改进的功能。换言之，公共管理学课程评价的成功与否，取决于评价过程后做出了什么样的决策，如何将这些决策转化为公共管理学课程设计开发和教学过程中持续改进的策略和行动。高校开展公共管理学课程评价，应由公共管理学课程负责人或专业负责人领导的小组或公共管理学课程开发小组进行协调和实施，该负责人对评价过程及其与有效公共管理学课程开发的关系有很好的理解，并应具备分析和解释数据的能力，评估公共管理学课程及其实施的各个方面的有效性，并将评估结果转化为公共管理学课程发展的具体计划，通过公共管理学课程改进来提高教学质量。

公共管理学课程评价过程包括四个阶段。

第一阶段，确定方案。包括确定评价的公共管理学课程、所在专业、特定年级、评价标准，并明确评价活动的目标。

第二阶段，数据收集。确定要收集的信息和收集数据的评价工具，这些工具可能涉及访谈、编制问卷、测试、收集文件以及收集数据的人员等，并进行数据收集。

第三阶段，数据分析。对收集的数据进行分析，并以表格和图表的形式展现。比较显著差异，并建立变量之间的相关性或关系。

第四阶段，分析报告。编写报告，说明调查结果和数据解释。在此基础上，对公共管理学课程实施工作的有效性进行研究，给出改进公共管理学课程某些方面的建议。

（三）公共管理学课程教学模式

教师教学和学生学习的主要目的在于通过师生互动、生生互动以及学生与学习资漏的互动，使学生获得预期学习成效。在这一过程中，必须平衡和处理好效率、质量和公平的关系。保证"效率"就必须充分利用资源，提高单位时间内的教学效果和学习成效；保证"质量"主要反映在学生获得预期的学习成效；而保证"公平"则须确保所有学生都能从公共管理学课程教学过程中受益，并享有平等受教育的机会。而要做到这些，就要教师在教学过程中采用合适的教学模式，注重对学生学习评价和反馈，并帮助学生主动学习和改善学习策略。

1. 采用多样化教学模式以提高教学效果

人们普遍认为，教师是培养学生学习能力的关键。21世纪以来，教学经历了从"以教师为中心"到"以学生为中心"的范式转变，从"关注学生的知识获得"扩展到"更广泛的能力发展"。因此，教师需要采取有效的教学策略，鼓励学生在课内外主动学习，同时考虑到学生的不同需求，不断提高教师教学效果。事实上，教师在教学过程中，拷问自己五个方面的问题将有助于教学效果的提升。一是教师是否以希望学生取得的学习成果和学生取得这些成果的能力为指导？二是教师是否会适当调整教学节奏和策略，以迎合学生的学习需求？三是教师是否为学生创造良好的课堂学习环境和实施有效的课堂管理？四是教师是否为学生提供各种参与和分享经验的机会以促进课堂互动和提高学习效率？五是教师是否具备扎实的学科知识和良好的教学态度？

教师可根据教学内容和学生特点，采用多样化教学模式，以提高教学效果。一类是传统的教学模式，如课堂授课、讨论课等，第二类是基于网络的教学，如网络学习、翻转课堂等，第三类是案例教学、项目式学习等。课堂授课是一种适合于传播知识，帮助学生理论定义、概念和假设的教学方法。课堂授课对于整理、评估、理解和解释信息和知识非常重要。讨论课能使学生能够加深对授课内容的了解，教师应鼓励学生更多地参与讨论。在准备讨论课时，学生个人或小组应准备相关参考资料，并通过撰写论文将该主题呈现给大家，并通过反馈进行反思。网络学习，也称为基于网络的学习、在线学习、计算机辅助教学或基于互联网的学习，学生通过使用互联网技术来学习，这种学习形式帮助学习者获取公共管理学课程内容和资源的灵活性。实现学习的"随时随地"，允许学习个性化，增强了学习者之间的互动，并将教师的角色从传播者转变为促进者。翻转课堂这一模式中，学生通常通过阅读或观看课堂视频，首先在课外获得关于新材料的信息，获得知识并理解，然后利用课堂时间吸收知识，专注于更高阶的认知活动（应用、分析、综合和评价）。案例教学，包括对现实职业生活中可能出现的情况及其背景和需要解决的主要问题进行简要概述，学生可以单独或分组讨论一个特定的案例。通过案例教学，学生能够表达自己的想法，提出问题和解决方案，并制定可能适用于其他情况的原则。项目式学习则强调学习者对自己的学习和参与知识生产的责任。在进行项目式学习工作时，学生学习理解、计划和进行研究，生成原始数据，并分析和公布其结果。教师扮演引导者的角色，引导学生在项目研究工作中完成各种学习活动。

2. 关注学生学习策略、学习评价和反馈

教师在公共管理学课程教学过程中，要关注学生的学习策略。应鼓励学生在教师的指导下，为自己的学习承担更为积极的角色和责任。教师要为学生开展各种有计划的学习活动提供帮助，鼓励学生积极参与学习、不断探索、分享学习体验，帮助学生主动学习并获得终身学习的能力。

为帮助学生制定有效的学习策略，加强学生学习过程的有效性，教师通常应关注以下重点问题。一是学生是否有良好的学习态度、动机和兴趣？二是学生是否能够在学习中有效地运用学习策略和资源，从而达到学习目标？三是学生是否能够利用反馈来提高他们的学习效果？四是学生是否成功地获得并应用所学的知识和技能？五是学生在学习活动和作业中表现如何？通常，有效的学习策略包括合作学习、项目学习、基于问题学习和研究式学习等。学生只有采取有效的学习策略，才能提升学习成效，获得知识、技能和能力。

传统上，对学生公共管理学课程考核评价主要以终结性评价为目的，只为检查学生的学习结果而设计，不太关注学生学习过程的形成性评价。随着教育目标从"重在知识传授"到"更关注学生能力培养"的转变过程中，教师越来越多地采用一种新的学习评价模式，即教师寻求发现和诊断学生学习问题并就如何改进向学生提供反馈的过程。也就是诊断和反馈相结合的学习评价模式。为了更全面地了解学生的学习情况，教师应在适当的时候采用不同的评价模式。通过学习评价，学生可以根据教师或其他评价者的反馈来改进学习。同时，教师可以改进公共管理学课程设计和内容、教学策略和课堂组织，使之更适合学生的需要和能力培养。学习评价的内容应包括评估目的、评估策略、评估结果、反馈和改进教学。

（四）学习成果考核

学生在每门课程中获得的学习成果最终以公共管理学课程考核评价的形式得以确认。公共管理学课程考核一般需要形成性评价和终结性评价相结合，考核学生达到该门课程教学目标的程度。而公共管理学课程考核的方式、内容和要求应在公共管理学课程教学大纲中得以体现。

1. 公共管理学课程考核内容和方式与公共管理学课程教学目标相匹配

公共管理学课程考核内容围绕公共管理学课程教学目标设计，能体现学生相关知识、能力和素养的达成情况。考核评价方式要能衡量学生的学习成果是否达成公共管理学课程教学目标和毕业要求指标点。不同的考核方式起到的考核效果不同。一般而言，形成性评价是指在公共管理学课程学习过程中的考核，例如，大作业、作品、演讲、小设计等，通过多样化的形成性评价，对学生表现进行跟踪与评价。而终结性考核通常是指期末的考试或考查，集中检验学生达到该门公共管理学课程的知识、能力以及素质的程度。将形成性评价和终结性评价相结合，就能有效考查学生的学习成效。考试形式可以是纸质考试、在线考试等，可以不拘一格。

2. 评分标准明确体现公共管理学课程教学目标达成的"底线"要求

公共管理学课程考核的评分标准要明确，使得形成性考核和终结性考核评分有依据。评分标准应在公共管理学课程教学大纲中予以表明，公共管理学课程评分标准可以用评分量规表来表示。在评分量规表中，明确不同等级的分值区间所对应的专业能力达到的程度。评价标准要能保证公共管理学课程教学目标达到"底线"要求，也就是及格标准达到公共管理学课程教学目标。当然，对于公共管理学课程的各个教学活动的评分标准，其等级划分和具体要求是不同的。每门课程的形成性评价和终结性评价应明确各自的评分标准，并且让学生知晓。

3. 为公共管理学课程试卷命题建立严格的预审制度

为保证公共管理学课程试卷命题能衡量和检验学生的学习成果，需要建立严格的试卷命题预审制度。试卷命题过程中，要始终把握考查学生在该门公共管理学课程中应达到的知识、能力和素养，也就是学生的学习成效，确保考核内容与公共管理学课程教学目标的有效关联。一般由任课教师根据教学大纲进行试卷命题，并且注意到试题对应的能力要求，保证试卷合理的难易度。出卷完成后，任课教师应先试做，以检验试卷的合理性。然后交由公共管理学课程负责人审核同意后实施，以保证公共管理学课程试卷的规范性和质量。学生考试完成后，任课教师除了阅卷评分外，还需要进行试卷分析和公共管理学课程评价，评价的结果要用于公共管理学课程教学的持续改进。

二、教学过程及其评价

公共管理学课程是为实现一定的教学目标而设计的学习计划或学习方案，公共管理学课程教学过程质量保证对于完成公共管理学课程教学目标具有重要作用。由于公共管理学课程（广义）是专业培养方案的组成部分，公共管理学课程的教学目标设计、教学过程实施以及考核评价对于专业毕业要求的达成产生重要影响，因此，一方面，需要明确每门课程在专业培养方案中支撑的毕业要求（知识、能力和素养）及其强弱程度；另一方面，需要在每门课程的教学实施过程中收集直接和间接证据，以保证达到公共管理学课程教学目标。这既是高校内部教学质量保证的需要，也是外部专业认证或专业评估的要求。

（一）教学过程的质量保证

教学过程的质量保证是高校内部质量保证的核心，也是保证达到公共管理学课程教学目标的基础。教师教学水平的提高，除了教师自身重视专业发展外，很大程度上取决于明确的教学目标、教学要求和教学过程。并且质量保证的重点也从最初关注资源投入和教学条件，到关注学生的学习成果和教学过程。教学过程的质量保证需要秉持"学生中心、成果导向和持续改进"的核心理念，它不仅适应于外部专业认证，也同样适用于高校内部的教学过程质量保证。同时，教学过程质量保证离不开信息技术支持。

1. 教学过程的质量保证应以学生为中心

公共管理学课程教学过程的质量保证需要以学生为中心，根据公共管理学课程教学目标监测学生的学业进步，评价学生的学习过程所获得的学习成果，确保学生毕业时最终能够获得预期的能力要求，从而达成毕业要求，符合培养目标。在教学过程的质量保证中须关注两个方面：一是充分体现学生是学习的主体，教学过程质量保证要有利于促进学生学习，提高学习成效，促进学生成长和发展。二是教学过程监测反映的学生学习成效须客观、公正，不增加学生的额外负担，促进实现高效的数据收集过程。通过教学过程的质量保证，一些关键环节的质量得以监测和保证，就能使学生的专业能力得以培养，知识和技能得到提高，有利于养成良好的人格和品质，从而有利于学生的终身学习和职业发展。

2. 教学过程的质量保证应以学习成果为导向

公共管理学课程教学的过程质量保证，不仅要明确每门课程所对应的专业能力和毕业要求，而且要客观反映学生本门课程对应毕业要求的达成情况，体现在"知识、能力和素养"三个维度。考核学生每门课程的学习成果，一般通过形成性评价和终结性评价得以实现，即由学生平时参与学习过程的表现和期末考核综合评定。平时表现的直接证据来自学生个体学习过程中完成的作业、作品、项目、演讲或学生参与学习小组等活动中的学习表现。因此，公共管理学课程教学过程的质量保证应以学生的学习成果为导向。这就要求公共管理学课程设计、公共管理学课程教学、公共管理学课程考核都以学习成果为导向，帮助学生通过学习达到该门公共管理学课程的专业能力培养要求。

3. 教学过程的质量保证应持续改进

公共管理学课程教学过程中，通过收集反映学生学习成果的过程记录和直接证据，并对收集的数据进行深入分析，以改进教师教学。一方面，教师可以将数据分析结果作为改进公共管理学课程教学、提高质量的依据，以做出基于过程记录的教学策略改进，在教学内容、方法手段和考核方式上进行改革，以提高学生的学习成效；另一方面，高校、专业可将每门课程数据分析结果作为公共管理学课程、专业建设的依据，也可作为对教师管理和考核的依据，同时有助于院校接受外部专业评估和专业认证，不断提升公共管理学课程、专业在院校中的口碑，从而有利于人才培养质量的不断改进。

4. 教学过程的质量保证应依托信息技术支持

有效的质量保证离不开强有力的信息技术支持。公共管理学课程教学过程质量保证需要依托学习平台和质量评价系统，包括具有数据收集、检索、分析和运用的功能。比如，具有快速识别功能，支持高校、学院的质量管理；减少教师、学生和评估专业人员的负担；促进高效的数据检索过程；简化教师的公共管理学课程评估；促进学习成果导向的公共管理学课程考核评价；实现跨部门和跨专业自动收集测试数据和统计数据；提供强有力的统计分析，包括学生、公共管理学课程和专业的整体测试、考核的可靠性等。通过包括公共管理学课程教学过程在内的学习管理系统等信息化建设，为教学过程的质量保证提供技术保障。

（二）教学过程的评价内容

教学过程评价的内容主要包括四个方面。一是根据每门课程在公共管理学课程体系中所承担的任务，对公共管理学课程教学目标进行评价；二是对公共管理学课程教学大纲进行评价（含教学内容、教学方法、考核方式、评价标准和评价工具等）；三是对各门公共管理学课程的公共管理学课程地图进行评价；四是教学过程中收集的数据进行分析，判断公共管理学课程教学目标的达成情况。根据反馈信息对公共管理学课程（项目）进行调整，对公共管理学课程、公共管理学课程体系进行持续改进。

如前所述，教学过程与培养方案的设计、实施和评价等有密切关系。从培养方案制订、公共管理学课程大纲制订、公共管理学课程教学设计、公共管理学课程教学和考核评价，到最后专业毕业要求的达成情况分析，形成了专业人才培养的设计、实施和评价等一系列步骤。

第一步，专业根据社会经济发展和行业发展需求，以及高校办学定位，制订专业培养目标。培养目标一般反映毕业生毕业后五年左右的专业能力。

第二步，根据专业培养目标，明确专业毕业要求，包括知识、能力和素质三个维度，也就是要明确毕业时的学习成果和能力。

第三步，建立专业公共管理学课程体系，明确每门课程的公共管理学课程目标以及对应的支撑强弱程度。

第四步，根据每门课程的公共管理学课程教学目标，落实公共管理学课程的教学活动及其目标，构建公共管理学课程地图。

第五步，制订每门课程教学大纲，说明公共管理学课程目标、教学方式、学习活动、考核方式和评价标准（量规）等。

第六步，进行公共管理学课程教学设计，同时进一步将学习活动与目标相匹配，并且明确评价工具。学习活动包括课堂学习、实验（实习）、作业、作品、演讲等。

第七步，系统收集每个学生在公共管理学课程中完成课堂学习、作业、作品、演讲等的表现，根据公共管理学课程评价量规表，评价学生在该项活动中的能力，考核学生能力对公共管理学课程预期目标的达成度。

第八步，基于公共管理学课程数据驱动学习分析，包括：深度理解公共管理学课程中的学生学习行为；识别表现差的公共管理学课程，改进教与学；基于参与度有效进行公共管理学课程设计；以学生视角帮助开发强大的服务；在院校内识别和分享最佳的公共管理学课程实践；开发主动策略，使公共管理学课程全过程运行良好；改善学习平台对学生学习和公共管理学课程教学设计的影响。

第九步，公共管理学课程任课教师根据系统记录的数据，分析公共管理学课程教学过程中存在的问题，并不断地持续改进教学。

第十步，专业根据每门课程的教学过程的数据，分析专业毕业要求的达成情况，同时，分析公共管理学课程体系设置中存在的问题，并不断地持续改进教学过程的评价，其实质就是对上述步骤中的第四至第八步的执行情况进行评价。

（三）教学过程的评价要求

通过教学过程，学生的预期学习成果达成与否，专业能力是否达到毕业要求，这是教学过程质量自我监控和评价的重要内容。将公共管理学课程教学过程的"教"与"学"行为通过学习平台进行客观记录，并据此进行评价，应该实现以下几项要求。

1. 考核环节与专业能力的匹配性

将公共管理学课程教学内容与毕业要求进行关联，确保每项专业能力都有相应的公共管理学课程去支撑，并有具体的考核环节来检测。这样可以梳理出具体培养某项毕业要求指标点的公共管理学课程和考核环节，使任课教师对于专业毕业要求和自己讲授的这门课在实现毕业要求和专业能力上的贡献有一个清晰的认识，以便教学过程中加以落实，以有利于通过每门课程实现学生专业能力的达成。

2. 专业能力测评标准的客观性

通过在学习平台上输入公共管理学课程教学内容以及对应的专业能力测评标准量规，并对学生作业、作品、项目进行系统随机抽样，可以根据毕业能力测评量规给学生的学习情况进行打分。同时，学习平台提供测试题评价功能，可以及时反映学生阶段性学习成果。采用测评标准量规可以将被评对象与标准相对应，从而对学生的学习成效进行更客观的评价，为学生、教师和教学管理部门提供客观的能力测评依据。同时，将客观分析每项毕业要求达成情况作为持续改进的数据来源。

3. 教学过程的持续改进

由于学习平台保存教学全过程的数据和痕迹，因此基于教学过程中直接证据的每门课程对毕业要求指标点达成情况分析结果，可以作为该门公共管理学课程建设和教学质量持续改进的重要依据。如果某项毕业要求达成情况不理想，该专业就应进行分析，制定改进措施。教师根据毕业要求达成情况及时调整教学内容和教学方法，不断改进教学，帮助学生在学习过程中获得预期的专业能力。学习平台须针对每个学生的毕业要求达成情况分析，对有学习困难的学生给予提前学业预警，及时采取措施，帮助学生顺利完成学业。学生根据分析数据及时了解自己公共管理学课程学习成果与预期学习成果之间的差异，就可以调整自己的学习重点，查缺补漏，实现学习目标。

4. 基于教学过程的数据促进公共管理学课程质量评价

学习平台应帮助评估人员自动收集和评价基于学习平台上的学生学习表现，并提供学生跨学科学习的学习成果，方便证据库取样以及评估量规标准的设置，并促进基于学生学习成果的公共管理学课程质量评价的有效性。学习平台应向学生和教师提供操作指南，明确评价方法、路线图、步骤，可根据教师需要进行深度分析，并提供评价准备和完成关键指标的计划和时间表，引导任课教师进行深入的数据分析，以做出基于证据的决策和教学改进，提高学生的学习成效。

三、公共管理学课程的人力资源保障

为确保公共管理学课程教学的正常开展，高校应在人才资源方面给予必要的保障。这里所说的人才资源除了公共管理学课程任课教师外，还包括其他内外部利益相关者。

（一）教师教学主体责任

教师是对学生学习有直接影响的关键角色，教师在公共管理学课程教学中承担主体责任。因此，高校应重视解决与教师素质、教师管理和教师发展等相关的问题。

1. 教师素质

教师素质对于保证教学质量至关重要。为提高公共管理学课程教学质量，高校的教师队伍必须具备有理想信念、有道德情操、有扎实学识、有仁爱之心。任课教师首先应立德树人、教书育人，具备高水平的教学能力和强烈的责任心。不仅要圆满完成教学任务，而且也要引导学生端正学习态度，注重课内外学习的有机结合。为此，高校任课教师首先应当具备高校教师资格；其次，教师应积极参加入职和在职培训，有持续专业发展的规划；最后，高校要创造条件，为教师成长提供良好的政策支持和实现路径，鼓励教师专业发展、提高教学能力。只有教师具备各良好的素质，才能切实承担起教书育人的职责，培养合格的社会主义建设者和可靠接班人。高校要充分认识教师资格和提高教师素质的重要性，确保教师队伍的高素质。

2. 教师管理

传统的教师管理强调将教师评价作为考核教师绩效的手段，以达到问责的目的。近年来，教师管理与教师专业发展和教师支持服务相结合，更加关注教师发展而不仅仅关注问责制。一些国家开始将教师绩效管理或教师绩效评估引入高校。教师绩效管理是一个不断识别、评价和发展教师工作绩效的过程，通过绩效管理有效地实现高校的发展目标，同时在绩效的认可、专业发展和职业指导方面使教师受益。教师绩效管理依赖于绩效评估系统，以满足教师和高校的需要。高校根据绩效评价的目的来决定绩效管理的方法和标准。它可以是问责模式、专业发展模式，或者是两者的结合。

3. 教师发展

教师发展是促进教师教学和促进学生学习的重要保障。如果没有高素质和高水平的教师，就无法成功实施教学活动。在国家教育宏观政策的大背景下，教师应坚持立德树人、教书育人，在人才培养、公共管理学课程教学、实现优质教育的创新等方面发挥积极作用，通过教师培训和专业发展，加强能力建设，包括教学能力和科研能力建设，不断提高教育教学水平。教师在公共管理学课程教学过程中，应认识到随着课程改革和发展，其角色也相应地发生变化：①教师从知识的传授者转变为学生学习的引导者；②教师要充分理解课程教学目标和课程标准；③教师应跟踪学科发展前沿，在讲授公共管理学课程内容的同时培养学生的能力；④教师应对公共管理学课程改革持积极态度，成为教学改革的推动者；⑤教师应积极融入公共管理学课程教学团队，形成合力培养学生；⑥教师应具备终身学习的能力，不断提升自身的专业素养，保持自身专业能力的可持续发展。高校应建立教师专业发展的支持系统，支持和激励教师不断提高自身的专业能力和教学水平。

（二）内部利益相关者治理

除了强化教师教学的主体责任外，内部利益相关者治理对于保证公共管理学课程质量也十分重要，这也是高校提升治理能力的重要内容。对于与公共管理学课程设计、教学过程和学生学习等有关的人员，都应规范其职责。公共管理学课程的质量保证要求在高校、学院、专业、教师和学生等内部利益相关者之间统一认识、明确责任。一方面，要求教师和学生树立质量意识，营造浓厚的校园质量文化；另一方面，需要进一步明确高校、学院、专业、教师、学生等内部利益相关者的职责。随着教育信息化的发展，利用信息化手段，通过学习平台开展线上和线下混合式教学的公共管理学课程也越来越多，明晰内部利益相关者的主要职责将有助于提高教与学的效果。

1. 高校的职责

第一，高校应将基于教学过程的质量保证作为高校内部质量保证的有机组成部分，加以制度化和规范化，并且明确高校、学院、专业、课程教师、学生各层级的相应职责。

第二，建立相应的规章制度，将教学过程的质量保证作为对学院、专业、教师的要求，并且有相应的激励和约束机制。基于教学过程的质量保证不是一句空话，而是应当作为高校的一项教学基本建设任务，作为实施教学的必备条件。

第三，鼓励公共管理学课程教学的线上和线下有机结合，开发具备相应功能的学习平台和信息管理平台，实现教学过程质量保证的信息化管理。将平台建设与教学实施、质量评价相联系，为教学过程质量保证提供客观、真实、可靠的数据来源。

第四，利用相关数据分析，为高校相关决策提供依据。高校教学管理部门、教学质量管理部门应利用学习平台上的数据分析结果，用于日常教学管理和质量保证工作，提高管理水平。

2．学院的职责

第一，学院负责所辖专业的专业设置和建设规划，组织进行专业建设和公共管理学课程建设。学院教务委员会、专业指导委员会、专业责任岗位、课程责任岗位教师应充分发挥各自的作用和承担相应的责任。

第二，学院定期组织开展专业自我评价和公共管理学课程自我评价，并持续改进。应具体组织做好落实专业培养目标和毕业要求达成情况评价的工作。

第三，学院组织督导听课、了解课堂教学情况，并通过学习平台上的数据分析结果，发现存在的问题，督促教师加以改进，并作为教师考评的重要依据。

第四，根据教学过程质量保证机制，进一步推动专业和公共管理学课程的教育教学改革，促进教学基层组织建设和教师专业发展。

3．专业的职责

第一，根据高校办学目标定位，以及社会经济发展需要，合理设置专业培养目标。专业必须有明确、公开、可衡量的毕业要求，毕业要求应能支撑培养目标的达成。

第二，定期评价培养目标的合理性，并根据评价结果对培养目标进行修订，评价与修订过程有行业或企业专家参与。

第三，修订培养方案，合理设置公共管理学课程体系，并组织教师修订公共管理学课程教学大纲。

第四，利用学习平台，将公共管理学课程地图上的内容输入学习平台中，包括评价量规表。

第五，让师生知晓并熟悉培养方案和学习平台。

第六，组织专业自评工作。

4. 公共管理学课程教师的职责

第一，根据专业要求，公共管理学课程教师参与讨论制订公共管理学课程教学大纲，包括各项教学活动对应的考核评价方式。

第二，组织实施公共管理学课程教学活动。对于线上公共管理学课程，应熟悉学习平台功能，在公共管理学课程教学过程中能熟练运用平台的各项功能，并能指导、监督学生在学习平台上提交作业、参与互动等的情况。

第三，根据学生平时学习表现和在学习平台上的参与情况，依据评价标准或量规表对作业、作品、项目等给予评分，反映学生的平时学习表现；并结合学生的终结性考核，给予学生综合评分。

第四，在完成一门公共管理学课程的教学任务后，应进行公共管理学课程自我评价，评价学生的预期学习成果是否达成。

第五，对公共管理学课程教学过程进行持续改进，同时对专业公共管理学课程体系完善提出建设性的意见和建议。

5. 学生的职责

第一，熟悉了解专业培养方案和各公共管理学课程的教学大纲，包括考核评价标准。

第二，积极参与各类公共管理学课程教学活动并主动学习。可根据教师要求，将作业、作品、项目等在学习平台上提交，并完成相应的学习要求。

第三，参与公共管理学课程评价，对提高公共管理学课程学习成效提出建设性意见和建议。

（三）外部利益相关者参与

对高校而言，除了内部利益相关者以外，外部利益相关者参与高校的质量活动对于高校内部质量保证至关重要。特别是公共管理学课程的质量保证，不仅需要听取来自外部利益相关者的声音，以利于不断改进公共管理学课程的教学活动，而且需要外部利益相关者参与公共管理学课程教学活动以及质量活动。从利益相关者理论的视角看，利益相关者方法强调组织需要了解利益相关者关系以及所起到的作用，并将利益相关者考虑到结构、流程和业务功能中去，同时要考虑利益相关者的利益需要，并随着时间的推移保持平衡。因此，在公共管理学课程的质量保证过程中，需要外部利益相关者参与，主要表现在两个方面。

1. 参与相关公共管理学课程的教学活动

公共管理学课程教学活动是由任课教师主导并组织开展的。高校的一些课程教学团队除了本校教师外，还聘请资深的行业企业人员担任兼职教师；一些企业实习、社会调查、毕业设计（论文）等实践环节也需要聘请相关校外人员担任指导教师。为保证外部利益相关者参与公共管理学课程教学活动的质量，高校须加强对校外兼职教师的管理和培训，一方面使他们了解熟悉高校的相关教学要求；另一方面要充分发挥他们在行业企业的资源、实践背景的优势，为我所用。高校应与企业联合建立实践教学基地，形成稳定的校企合作人才培养机制。

2. 参与相关公共管理学课程的质量活动

高校应积极鼓励外部利益相关者参与相关公共管理学课程的质量活动，如定期对用人单位、毕业生、校友等开展问卷调查或召开座谈会，听取他们对高校教学和教学管理方面的意见和建议。特别是要让毕业生参与公共管理学课程的质量活动，如公共管理学课程评价、教师评价等，以帮助改进教学，提高教学质量。高校还应让行业企业代表参与公共管理学课程教学大纲修订的讨论会，从社会需求的视角以及外部行业企业的背景来审视公共管理学课程教学大纲的合理性。

为了保持外部利益相关者参与高校公共管理学课程质量活动的可持续性，高校应该建立相应的激励机制，要充分了解不同利益相关者的价值观和背景，以及他们的优势和特长，了解这些外部利益相关者的需求，考虑他们的利益，做到互利共赢。同时，有关质量活动的结果应及时反馈给他们，尊重他们的劳动成果，提高他们参与质量活动的积极性，从而增强荣誉感和社会责任感。

第二节　公共管理学课程体系的质量保证

公共管理学课程体系的质量保证是高校内部质量保证体系中最重要的子系统。高校要重视公共管理学课程体系的合理设计、组织实施，并形成有效的管理和保障机制，不仅为高校内部建立公共管理学课程体系的质量保证，而且有助于开展公共管理学课程体系预评价工作。

一、公共管理学课程体系的分类及设计

（一）公共管理学课程体系的分类

公共管理学课程体系是为达成专业培养目标和毕业要求，由一组课程、模块或项目等要素和教学环节按一定价值观和逻辑组合在一起的公共管理学课程学习计划，以满足社会经济发展需要、反映学科专业特点、符合学分学制要求的限制。公共管理学课程体系包含目标、结构、内容和过程等要素。公共管理学课程体系因其培养目标不同，其结构的逻辑关系也不同。这里将公共管理学课程体系分为学科导向类、能力导向类、功能模块类、任务导向或项目中心类。

1. 学科导向类

学科导向类课程体系是指在培养目标指导下，依据相关学科知识和能力要求按一定比例和逻辑关系选择并加以组织的，由课程结构、课程内容和教育教学活动过程组成的系统。学科导向类课程体系的逻辑关系以学科知识的系统性、关联性和先后顺序为前提，先基础、后专业，先易后难，先理论学习、后实习实践，先课堂教学、后课外学习。此类课程体系设置一般仅限于本专业领域的公共管理学课程（专业基础公共管理学课程和专业公共管理学课程）、公共基础课和实践环

节，较少涉及其他学科专业。培养目标一般较为注重本学科专业领域知识的理解和掌握，以及专业能力和素质的培养，使学生毕业时能够成为本专业领域的高级专门人才。

2. 能力导向类

能力导向类课程体系是指专业培养目标和毕业要求以专业能力培养为重点，按照知识、能力和素质要求按一定比例和逻辑关系组合在一起的公共管理学课程结构、公共管理学课程内容和教育教学活动过程的系统。能力导向公共管理学课程体系是建立在学生专业能力培养基础之上，在强调公共管理学课程专业知识学习的同时，更加强调专业能力的培养。能力导向公共管理学课程体系一般以学习成果作为衡量学生学习成效的载体。公共管理学课程体系设置突破了单一学科专业领域的界限，以某一专业领域学习为重点的同时兼顾其他专业的内容，以保证学生能力培养的要求。能力导向类课程体系设置一般按照"培养目标——毕业要求——公共管理学课程体系"的逻辑顺序来设置公共管理学课程等教学环节。

3. 功能模块类

功能模块课程体系是指为达到专业培养目标或毕业要求中的某一项或几项特定的目标和要求，而设计的一组公共管理学课程结构、公共管理学课程内容和教育教学活动过程的系统，它是整个公共管理学课程体系的有机组成部分。例如，通识教育公共管理学课程体系、创新创业教育公共管理学课程体系等。一般而言，功能模块课程体系是嵌入式的，将相应的公共管理学课程模块嵌入整体专业公共管理学课程体系中。功能模块课程体系中的公共管理学课程能够有效支撑该功能模块的毕业要求。功能模块课程体系设置更多地由跨学科公共管理学课程组成，并且与原学科专业形成互补、交叉或递进关系，重点培养学生特定的知识、能力和素养。

4. 任务导向或项目中心类

任务导向或项目中心类课程体系是指以任务或项目为中心而设计

的、由一组公共管理学课程结构、公共管理学课程内容和教育教学活动过程的子系统，它是整个公共管理学课程体系的有机组成部分。公共管理学课程结构是公共管理学课程内容的组织架构，是实现公共管理学课程目标的纽带，体现一定的教育理念和价值取向。项目中心公共管理学课程结构设计上，强调"纵向贯通、横向交叉、问题导向"，打破了学科专业之间的边界，强调跨学科公共管理学课程支撑，促进科教协同和校企合作。以问题为导向，采用非结构化和模块化设计，吸引本科教育各年级学生积极参与，比如 MIT 的"新工程教育转型计划"（EET）中的项目中心公共管理学课程体系，以项目为中心设置公共管理学课程，鼓励项目化学习和团队学习。

（二）公共管理学课程体系的设计

现实中，高校公共管理学课程体系设计的合理性没有引起足够重视，公共管理学课程体系模块设计和公共管理学课程教学设计的科学性体现不充分，这不仅影响到教师的教学，而且更重要的是影响到学生的学习。因此，需要对公共管理学课程体系的设计理念、依据、结构以及教学活动进行科学的设计。

1. 公共管理学课程体系的设计理念

（1）学生中心、成果导向和持续改进

公共管理学课程体系设计首先需要以一定理念为指导。由于公共管理学课程体系是由一组公共管理学课程或教学活动组合在一起的系统，因此，厘清公共管理学课程体系与培养目标和毕业要求之间的关系、公共管理学课程与公共管理学课程之间的相互关系，就变得十分重要。连续的公共管理学课程体系的成功之处在于它能使学生理解那些把体系中多门独立公共管理学课程串联起来的主题连接点。"学生中心、成果导向、持续改进"，正成为目前高校公共管理学课程体系改革的共识。以学生为中心、以学生的学习为中心、以学生的发展为中心，公共管理学课程设置将为学生毕业后若干年的全面发展和职业生涯发展奠定基础。学习成果不仅成为检验学生学习成效的重要载体，而且也是公共管理学课程体系设计的重要依据，公共管理学课程教学目标、教学内容和教学方法、考核方式更需要以学习成果为导向进行设计。持续改进的理念一方面体现在公共管理学课程体系设置的不断完善，另一方面体现在教与学过程的不断改进。

（2）专业教育和通识教育的平衡

首先，专业公共管理学课程体系要体现专业的特点，将专业的核心公共管理学课程纳入公共管理学课程体系中，以利于培养学生适应今后专业工作岗位和进一步深造的要求。其次，通识教育在培养全面发展的人的过程中起到非常重要的作用，特别是培养学生毕业要求中的非技术能力。专业教育大多反映了教育的工具性目的，而通识教育更多地反映了教育的本质性目的，两者之间做到平衡非常重要。专业教育和通识教育的平衡应与高校的定位和特色相联系。

（3）创新教育与能力培养的有机结合

从知识掌握到能力培养，教学发生了根本性转变。能力培养要求具体落实在公共管理学课程等各教学环节中。专业能力培养既包括技术能力，如专业知识理解、应用、评价、创新能力，也包括非技术能力，如团队合作、沟通、终身学习、批判性思维等能力。由于创新教育与能力培养是密不可分，是通过公共管理学课程、项目和实践环节等实现的，因此，创新教育也需要融入到各教学环节中。除了课堂教学之外，将创新教育渗透到第二课堂等课外活动中也不失为一种有效的方法。有一些高校，为了增加创新教育的效果，单独设置创新教有公共管理学课程，并作为通识教育的一部分。也有一些高校设置一系列创新教育活动模块，作为学程，独立于专业公共管理学课程体系之外。不管创新教育形式如何，培养学生创新意识和创新能力已成为高校教育的一项重要任务。

（4）基础教育与专业教育的有效衔接

基础教育和专业教育的教学内容因不同学科专业领域而异。工科学生的基础教育需要有扎实的数理基础知识，需要有厚实的专业基础知识和方法论，为今后的专业学习打下基础。随着本研一体化课程体系的开发，高校阶段的公共管理学课程体系更强调专业基础的重要性，而研究生阶段的公共管理学课程体系更强调某一专业领域的专业性。特别是研究型大学，本研一体化课程体系已成为高校教育教学改革的方向。另外，公共管理学课程与公共管理学课程之间的有效衔接也能更方便学生学习理解相关知识。高校本科公共管理学课程体系设置过程中，强调"厚基础"是十分必要的，掌握扎实的基本理论、基本方法将为学生今后的专业学习打下扎实的基础。不同高校对待基础公共管理学课程和专业公共管理学课程比例会有所不同。就研究型大学而言，基础公共管理学课程（含公共基础课、专业基础课）比例相对高一些。

（5）专业公共管理学课程与学科交叉公共管理学课程的有机融合

随着教育教学改革的不断深入，学科交叉公共管理学课程在公共管理学课程体系中将得到重视。特别是新工科、新农科、新医科、新文科的建设，把学科交叉公共管理学课程列入重要的建设内容。如有的高校要求专业公共管理学课程体系中必须设置一门学科交叉公共管理学课程，也有的高校要求在专业公共管理学课程中体现学科交叉的内容。无论哪一种形式，学科交叉、跨学科公共管理学课程的设置日益成为专业公共管理学课程体系设置的新趋势。另外，以任务导向或项目导向的公共管理学课程体系更是以跨学科公共管理学课程的学习为基础，为了完成共同的项目，组成项目团队进行跨学科学习和研究。因此，专业公共管理学课程与学科交叉公共管理学课程的有机融合也是公共管理学课程体系设置过程应该考虑的因素。只有这样培养的学生今后更能适应全球不断变化的工作环境，更能具有应变能力。当然，交叉公共管理学课程的设置需要根据培养目标而定，与毕业要求相契合。

2. 公共管理学课程体系的设计依据

以学习成果为导向的公共管理学课程体系设计要求反向设计，才能保证公共管理学课程体系能够支撑毕业要求所要求达到的专业能力，最终满足培养目标。公共管理学课程体系设置须有师资队伍和教学条件予以支持，这些师资和环境条件是公共管理学课程体系实现的基本保证。

（1）培养目标是建立公共管理学课程体系的出发点

培养目标是指毕业生在毕业后五年左右能够达到的职业能力和专业成就的总体描述。培养目标的确定需要考虑以下三方面。

一是符合国家发展战略和教育政策。教育是实现国家发展战略的基础，专业人才培养目标需要瞄准国家发展战略并且符合教育政策。《国家中长期教育改革和发展规划纲要（2010—2020 年）》明确指出："高等教育承担着培养高级专门人才、发展科学技术文化、促进社会主义现代化建设的重大任务。提高质量是高等教育发展的核心任务，是建设高等教育强国的基本要求。"适应国家和区域经济社会发展需要，建立动态调整机制，不断优化高等教育结构。优化学科专业、类型、层次结构，促进多学科交叉和融合。专业公共管理学课程体系的设计应符合国家发展战略和大政方针，坚持立德树人，培养社会主义的合格建设者和可靠接班人。公共管理学课程体系设计中要把育人放在首位，不仅需要设置一定比例的思政公共管理学课程，而且还要将思想政治教育的内涵融入每门课程的教学中，促进形成"公共管理学课程思政"。

二是适应社会经济发展需要。高校人才培养必须适应社会经济发展需要，公共管理学课程体系的设计合理与否关系学生毕业就业岗位的适应性。虽然，专业人才培养不单纯以就业为目的，但是培养适应社会经济发展需要的人才一定会受到社会用人单位的欢迎。同时，随着社会经济的快速发展以及科技的不断进步，在公共管理学课程体系设计过程中，需要将科技发展、学科发展的前沿知识融入到公共管理学课程中，需要适时更新教学内容，丰富教学手段，使学生了解和掌握必须的知识和技能，具备良好的思维能力和实践能力以及终身学习能力。学生在本科毕业时，能够适应快速发展的经济社会的变化，主动适应就业岗位的要求，为进一步深造打下坚实基础。

三是满足人的全面发展和终身发展需要。高校阶段是人的价值观形成的重要阶段，也是为人的全面发展和终身发展奠定扎实基础的阶段。这就需要高校阶段的公共管理学课程体系设置不仅体现专业能力的培养，而且要帮助学生树立正确的人生观和价值观，融育人于教学活动中。同时，公共管理学课程教学不仅需要知识的传授，更重要的是能力的培养和素质的提高。通过公共管理学课程的教学内容、教学方法等设计，帮助学生形成良好的职业伦理道德，帮助学生具备适应未来职业生涯发展的能力和潜力，为学生的全面发展和终身发展服务。

（2）毕业要求应能支撑培养目标和对接公共管理学课程体系

毕业要求是学生在毕业时应具备的职业准备能力，是形成未来职业能力和素养的基础。对于不同的学科专业、不同高校的培养目标，毕业要求有着不同的表述。毕业要求的制订需要考虑以下两个方面。一是毕业要求要支撑培养目标。把专业的培养目标转化为学生毕业时明确、公开和可衡量的具体的能力要求，并且毕业要求能支撑培养目标的达成。具体的能力要求包括技术性要求和非技术性要求。例如，工程教育专业认证中，技术性要求包括工程知识、问题分析、设计开发、研究、使用现代工具等能力要求，非技术性要求包括工程与社会、环境和可持续发展、职业规范、个人和团队、沟通、项目管理、终身学习等能力要求。毕业要求的设计要围绕培养目标。二是毕业要求能对接公共管理学课程体系。毕业要求为公共管理学课程体系的设计提供依据，起到承上启下的作用。公共管理学课程体系的设计需要根据毕业要求具体落实到各门公共管理学课程或教学活动中，并且在公共管理学课程教学目标中反映出来。为使公共管理学课程目标与公共管理学课程体系的对应关系更为明确，可以将某一毕业要求细化为若干指标点。

（3）体现专业特色并考虑约束条件

每个高校在制订专业公共管理学课程体系时，必须体现其专业特色。专业特色应在高校办学过程中得到传承和创新。一方面，由于各个高校的办学定位不同，办学传统和学科优势不同，因而同一专业其公共管理学课程体系设置不尽相同，同一门公共管理学课程的教学内容也有差异；另一方面，各高校的师资队伍和教学资源配置也有明显区别，在设置公共管理学课程体系时须考虑其影响专业发展的约束条件，既保证公共管理学课程体系设置的合理性又保证其可行性。事实上，高校开设新专业或是改造传统专业，都应该满足专业设置的基本条件，并在此基础上改善资源条件，做精做强，努力体现专业特色。只有体现了专业特色，才能保持高校的学科优势。

3. 公共管理学课程体系的结构设计及分类

公共管理学课程体系结构反映了各类公共管理学课程（实践环节）的设置内容、比例，以及公共管理学课程之间的逻辑关系。一个完整、合理的公共管理学课程体系结构是实现培养目标和毕业要求的基本保证。在公共管理学课程体系设计阶段，可以借用公共管理学课程图谱使公共管理学课程体系可视化，形象地表示各公共管理学课程体系要素之间的相互关系、内容和顺序。设计公共管理学课程体系结构时，主要考虑以下几个方面：一是聚焦学习成果，从培养目标、毕业要求到公共管理学课程体系的反向设计，形成培养目标和毕业要求、毕业要求和公共管理学课程体系、公共管理学课程教学目标和毕业要求的对应关系矩阵，并且公共管理学课程教学内容、教学方法、公共管理学课程考核方式、考核评价标准都要有利于公共管理学课程教学目标达成。二是整合约束条件，包括学制、总学分、学时、理论和实践环节比例、必修与选修比例、专业方向公共管理学课程群、师资队伍、实验实习等教学条件等。特别是要明确所有必修环节。三是制订教学大纲，设计具体公共管理学课程的各教学活动，包括讨论、作业、测试、考核等的安排，形成性和终结性考核评价。并且考虑生源质量、学习基础，安排好补修环节、免修环节等。

在公共管理学课程体系结构设计前，需要收集专业层面的基本信息，包括学科知识、学生的学习基础和态度、社会需求发展等。也要收集操作层面的信息，一方面是外部评估要求、学分限制、经费和人员限制，以及现行公共管理学课程体系的有效性问题、来自利益相关者的意见反馈；另一方面收集来自专业培养方案自身的信息，如培养目标、毕业要求、可利用的时间和资源、学生因素、相关研究等。

根据公共管理学课程体系中不同公共管理学课程类型的结构布局，可以将公共管理学课程体系结构主要分为金字塔型结构、多柱状结构、嵌入式结构等。

（1）金字塔结构

金字塔形公共管理学课程体系的结构底部宽、上部窄，公共管理学课程类型自底而上依次分为基础课（含通识基础、公共基础课）、专业基础课和专业课。这种结构的公共管理学课程体系稳定，通识基础和公共基础课比例较大，专业基础课的安排也占了较多的学分，专业课比重较小，因此，培养学生具备深厚的基础知识和能力。如果金字塔形结构中，基础课、专业基础课和专业课的比例相当，该结构就演变成方形结构。当专业课比重过重时，将变成哑铃形结构或梯形结构。一般而言，研究型大学公共管理学课程体系的金字塔形结构较普遍，而应用型大学则专业课比例偏高。

（2）多柱状结构

多柱状公共管理学课程体系的结构呈现多个柱状分布，每根柱子代表不同的学科领域公共管理学课程，柱子的长短不一、粗细不等，由此构成的公共管理学课程体系大多适用于多学科交叉的专业。各根柱子可以由专业基础课和专业课组成。而每根柱子也需要植根于基础课（含通识基础、公共基础课）。因此，多柱状结构的公共管理学课程体系强调多学科知识对于学生能力培养的贡献，强调横向的交叉渗透。这种结构多用于"项目中心"的公共管理学课程体系设计，也可用于新工科、新农科、新医科、新文科等新兴专业。在专业方向公共管理学课程群设计过程中，该结构不失为一种可靠的结核。

（3）嵌入式结构

嵌入式公共管理学课程体系的结构是将某些公共管理学课程模块嵌入到整个公共管理学课程体系中，以实现某种特定的教育功能，如创新创业公共管理学课程体系、通识教育公共管理学课程体系等。嵌入的母体可以是金字塔型结构，也可以是多柱状结构公共管理学课程体系。嵌入的公共管理学课程可以是通识公共管理学课程或公共基础课，也可以是专业基础课或专业课，嵌入的公共管理学课程之间相对独立，没有紧密的前后顺序关系。嵌入式结核公共管理学课程占整个公共管理学课程体系的比重因需而定。一般而言，嵌入式结构依附于金字塔型结构或多柱状结构而存在。

4. 公共管理学课程的教学活动设计

公共管理学课程是教学质量保证的核心，是反映学生学习成效的载体。公共管理学课程体系中的每门课程有机地组合并承担毕业要求所规定的知识、能力和素养培养的任务。也就是说，公共管理学课程体系承担的毕业要求通过公共管理学课程加以落实。公共管理学课程、公共管理学课程体系和有计划的课外活动之间的关系越紧密，学生的学习过程就会越有成效。因此，公共管理学课程的教学活动设计非常重要，应在公共管理学课程教学大纲中加以明确表述。主要有以下四个方面的内容。

（1）公共管理学课程教学目标

公共管理学课程教学目标的设计要对应毕业要求。按照公共管理学课程体系与毕业要求的矩阵图，落实好每门课程的教学目标。公共管理学课程教学目标设计应可达成。优质教育的产生不是偶然的；它需要周详的计划、娴熟的教学，以及能确保每位学生有机会达到所修课程之目标的总体结构安排。通过公共管理学课程教学目标，指出公共管理学课程对学生达到毕业要求的贡献。

（2）教学要求、教学内容和教学方法

公共管理学课程教学大纲要列出学生通过学习公共管理学课程预期取得的学习成果，列出公共管理学课程涵盖的教学内容和教学方式，以及对应支撑的公共管理学课程目标。教学方法要有利于开展教学活动，有利于学生达到预期学习成果。事实上，由各公共管理学课程组成的这些预期学习成果共同构成了毕业要求。

（3）考核评价方式

考核评价方式主要是考核学生的学习成效的方法，包括形成性评价和终结性评价。形成性评价主要考核学生学习过程中的表现，它也是构成该门公共管理学课程总成绩的组成部分。形成性评价的形式多样，如作业、作品、小组讨论、演讲等。终结性评价一般通过考试或考查形式完成。公共管理学课程教学大纲中要明确各考核评价方式之间的比例，以及对应的公共管理学课程教学目标或支撑的毕业要求指标点。

（4）评价标准

评价标准是考核学生通过公共管理学课程学习达到的知识、能力和素养的价值判断依据，通常用能力评估量规表表示。根据不同教学活动，如作业、讨论、演讲、实验等，应制订不同的量规表。评价标准应明确教学目标要求，以及不同等级的评价标准。有了评价标准，在对学生学习成效的评价过程中就可以做到有据可依，方便评价者做出判断。

二、公共管理学课程体系的组织实施

有效做好公共管理学课程体系的组织实施工作是学生的预期学习成果得以实现的重要保证。现实中，高校公共管理学课程体系实施的有效性监控力度有限。因此，应强化公共管理学课程体系组织实施的有效性，从而保证公共管理学课程体系的实施效果。公共管理学课程体系的组织实施主要依据专业培养方案，需要在公共管理学课程建设、教学条件保障、教学任务安排和教学活动实施、学习成果考核等方面加以具体落实。

（一）公共管理学课程建设

公共管理学课程建设是公共管理学课程体系得以落实的根本保障。一般而言，公共管理学课程建设工作需要在学院和专业负责人的统筹安排下，由公共管理学课程负责人具体负责。若是通识教育等公共管理学课程，则由高校层面统筹，由公共管理学课程负责人具体负责。

1. 高校层面统筹规划通识教育、公共基础课以及学科交叉公共管理学课程的建设工作

通识教育公共管理学课程、公共基础课以及学科交叉公共管理学课程依赖于高校教学管理部门统筹规划和协调。专业对应开设的通识

教育公共管理学课程、公共基础课以及学科交叉公共管理学课程名称，公共管理学课程对应的预期学习成果须由各专业提出，并经高校教学管理部门分类统筹，组织相关开课学院研讨，然后制订公共管理学课程教学大纲。公共管理学课程教学大纲中明确公共管理学课程目标和培养的能力要求。由专业学院选用适合自己专业的公共管理学课程，并按规定的程序审核通过后执行。

2. 学院层面搭建专业基础课（含专业平台课）、实验和实习等实践环节的建设平台

学院层面需要搭建本学院若干专业的专业基础平台，开设专业基础课以及相应的实验公共管理学课程，同时要安排好实习等实践环节。在以学习成果为导向的公共管理学课程体系中，实验、实习、毕业论文等实践环节对毕业要求起到支撑作用，并体现在每个教学环节的学习成果上。一方面，学院层面做好统筹安排，做到教学资源共享；另一方面，要为任课教师修订各实践环节的教学大纲提出要求和指导，以保证学院层面公共管理学课程的质量。

3. 专业层面做好专业课、毕业设计（论文）等教学环节的建设工作

专业负责人要真正负起责任，组织教师做好专业课、毕业设计（论文）等教学环节的建设工作。专业课一般安排在基础课和专业基础课完成之后，具有很强的专业性，对毕业要求中的技术性要求支撑作用大，对学生的职业发展有直接的帮助。而毕业设计（论文）是学生高校阶段学习成果的综合反映，是将所学知识和能力运用到研究或实践中的具体表现。因此，毕业设计（论文）的实施对专业人才培养至关重要，需要在选题、开题、中期、答辩等各个环节把好关，以保证毕业设计（论文）质量。

（二）教学活动实施

公共管理学课程体系中的各项教学任务由高校教学管理部门、学

院和专业的相应教务人员负责，需要根据高校教学管理的规章制度，以及学时数、师资、教学设施等教学环境条件，合理安排落实，并由教师、实验人员等具体完成相应的教学任务。

教学活动的组织实施就是将公共管理学课程教学大纲的各项内容予以具体落实的过程，以完成公共管理学课程教学目标，从而为培养目标和毕业要求的达成提供支撑。教师应按照公共管理学课程教学大纲的要求，认真备课，组织实施教学活动。在教学活动的实施过程中，通过适当的教学方法、合理的课内外联动，关注学生的学习成效，帮助学生专业能力的达成。

1. 运用适当的教学方法提高教学效果

任何教学方法的运用均与教学内容相关。随着信息技术的不断发展，信息技术与高等教育的深度融合已成为现实。人工智能、云计算、智慧教学、虚拟现实、大规模在线开放课程（MOOC）和小规模私人在线课程（SPOC）等已深入课堂教学中。基于问题的学习（PBL）、基于项目的学习、支架式学习、在线学习、虚拟实验等学习方式正不断地帮助学生获得更多的学习体验，在丰富课堂教学信息量的同时，也提高了学习效果。研究式学习、启发式教学、团队协作，教学互动、讨论课、小班课等形式在课堂教学中得到普遍采用。当然，有一些教学过程也需要利用板书，比如数学公式的推导和演算等。教学方法的选择要有利于公共管理学课程教学目标的达成，能激发学生的学习兴趣，启发学生思考，引导学生研究性学习。

2. 关注和培养学生的专业能力

由于每门课程的教学活动围绕公共管理学课程教学目标而设计，因此，教师在教学活动中应始终关注学生的专业能力发展。教学内容的深度、广度适当，反映相关学科发展前沿。教学方法注重能力培养，符合学生的认知规律和心理特点，有利于公共管理学课程教学目标的达成。由于高校阶段对于学生终身学习和职业发展至关重要，因此，教师在教学活动的实施过程中,注重培养学生的专业能力,包括运用专业知识和技能解决问题的能力、研究能力、管理能力、创新思维和实践能力、批判性思维、交流沟通能力、终身学习能力等。

3. 实施合理的课内外联动机制

精心开展公共管理学课程教学设计,合理安排教学活动,包括学生课内外学习时间。由于培养方案受课内学时数的限制,分配到每门课程的周学时有限,因此,教师需要根据教学大纲要求合理做好课内、课外的安排。传统的课堂教学中,教师注重课堂讲授,并布置课外作业让学生巩固学习效果,而翻转课堂这种学习模式则要求学生在课外通过在线学习、查阅资料等方式先行学习公共管理学课程内容,然后在课堂上以小组讨论、师生互动的形式解决自学过程中遇到的问题。另外,第一课堂和第二课堂在学生能力培养方面相互补充,有些能力需要在课外的社会实践中得以提升。因此,实施合理的课内外联动机制必不可少。

(三)教学条件保障

公共管理学课程体系的组织实施应有师资和教学设施等教学条件予以强力保障。由于公共管理学课程体系按照专业培养目标和毕业要求进行设计,是公共管理学课程设置理想化的体现,而其实现则离不开高质量的师资队伍和良好的教学条件,如良好的课堂、实验、实习等教学环境以及图书馆、计算机网络、信息技术条件等。

1. 教师队伍满足教学需要

教育目标的达到和改革的成功取决于教师队伍,激励教师创造条件,在个人学习和教育系统取得成功,吸引教师通过适当的社会对话进行可持续教育改革。首先,公共管理学课程体系中的每门课程均要落实任课教师。任课教师须具备高校教师资格,同时能胜任该门公共管理学课程的教学工作。教师队伍一般以专职教师为主,也可适当聘请校外有资质的人员作为兼职教师参与教学活动。一门公共管理学课程可以由一名任课教师承担，也可以由多名教师组成的教学团队承担。公共管理学课程体系中的专业课和专业基础课的教学任务一般由专业学院落实，而通识公共管理学课程和公共基础公共管理学课程大多由高校的公共课任课教师或其他学院教师承担。专业教师队伍的数量应满足国家标准的最低要求。生师比，即学生人数与任课教师人数的比例一定程度上反映了高校教师队伍相对于教学需求的情况。生师比也决定了课堂教学的规模，教师人数相对学生人数的比例越大，越有条件开展小班化教学，也越有利于高质量地开展教学活动。

其次，任课教师参与编写公共管理学课程教学大纲并做好教学设计。为保证任课教师完成本课程的教学任务，帮助学生学习成果的达成，任课教师需要深刻理解专业培养目标和毕业要求，明确本门课程的教学目标，并和公共管理学课程负责人一起参与公共管理学课程教学大纲的编写。公共管理学课程教学大纲的主要内容包括：公共管理学课程教学目标、公共管理学课程教学目标与毕业要求的对应关系、教学内容和考核评价方式与教学目标的对应关系、考核评价标准、参考书目等。任课教师还需要按照本门课程教学大纲的要求，认真备课，做好教学活动的教学设计，保证通过每项教学活动，学生在知识、能力或素养方面得到增值。

2. 教学环境支撑教学需要

教学实施需要良好的课堂、实验、实习等教学环境以及图书馆、计算机网络、信息技术条件等。随着信息技术与教育的深度融合，智慧教室、在线学习平台为课堂教学和教学改革注入了新的活力。信息技术手段的运用帮助教师更好地开展教学活动，不仅丰富了教学手段和方法，也为开展公共管理学课程考核评价创造了条件。虚拟实验、远程实验、在线实验等越来越多地得到运用，实验室设施和条件得到不断改善，都为开展实验教学创造了条件。

另外，高校要积极进行校企合作开展实习基地建设，为学生参与工程实践、生产实习创造条件。学生的创新意识和实践能力培养需要融入每个教学环节，特别是通过企业实习等实践教学，不断培养学生创新精神，提高学生的实践能力、解决问题能力。将理论与实践相结合，在实践中不断加深对理论的理解，培养能力、锻炼才干。同时，参与企业实习实践也为学生今后的职业发展提供经历，以便学生能够快速适应工作环境。

3. 科研成果促进教育教学改革

公共管理学课程教学内容是公共管理学课程教学目标得以实现的载体，公共管理学课程教学内容围绕公共管理学课程教学目标进行组织。为培养学生的专业能力，公共管理学课程教学内容需要反映学科专业领域的前沿动态和科研成果。教师应结合自身的科研方向，将科研成果及时消化反映到公共管理学课程教学中，形成高阶性、有深度和挑战度的"金课"，保证良好的课堂教学效果。这就需要教师做到"产学研"相互融合，将科研成果及时转化为教学内容，积极进行公共管理学课程教学改革。也就是说，要在公共管理学课程深度上下功夫，具有一定的挑战度，培养学生具有运用、分析、评价、创造等高阶思维能力。

教师将科研成果融入教学过程中，也有利于激发教师上课的积极性，特别是为教授参与大学生公共管理学课程教学提供了动力。目前，教授还不能完全做到百分之百为大学生上课，其中一个重要原因是教授忙于做科研，无暇顾及本科教学。如果教授及时把科研成果转化到课堂教学中，他们可以从学生获得感中得到对其科研成果的认可，也可以从教学相长中获得对科研工作的启发，使得教学与科研相互促进。同时，在公共管理学课程设计、毕业设计（论文）指导过程中，教师的科研思维和方法也有助于学生创新意识和实践能力的培养，帮助学生提升专业能力。

三、公共管理学课程体系的管理与保障

公共管理学课程体系的管理和保障是高校质量保证体系的重要组成部分，也是质量管理的核心内容。公共管理学课程体系设计、实施和评价离不开管理机制和保障机制这两大机制保障。公共管理学课程体系的管理机制强调高校质量管理的特定任务和管理职责，学生能力的合理界定以及满足人才培养所需的资源分配等条件保障。而公共管理学课程体系的保障机制主要围绕公共管理学课程、公共管理学课程体系所建立的系列制度、采取的措施和开展的活动，从而保证人才培养目标的实现。

（一）公共管理学课程体系的管理机制

合理有效的管理机制是实施教学管理、提高管理有效性的根本保证。从人才培养的需求出发，职责清晰的分级管理、学生能力的合理界定以及满足教学需要的资源分配机制是主要的管理机制。

1. 以人才培养为主线的分级管理机制

高校的功能包括人才培养、科学研究、社会服务和文化传承等方面，而人才培养是高校的根本任务。一般而言，高校应设立三级管理体系，包括高校、学院和教学基层组织，各有其特定任务和管理职责。围绕高校教育使命和办学定位，针对公共管理学课程体系中的通识教育、专业教育和公共管理学课程教学，合理设定任务和管理职责。具体来说，高校层面制订高校教育使命、制订通识教育建设规划并负责实施；学院层面制订专业培养方案，并负责实施；教学基层组织支持与监督教师制订课堂教学方案并负责实施。

高校教育使命要表明本校在本科教学上秉持的方向和价值观，是整个系统的核心和灵魂。教育使命反映的是高校的自我定位和目标追求，为所有利益相关者提供方向和价值观，以便凝聚各方力量办好教学。高校层面除了教学管理部门外，还应设立教师教学支持中心，负

责为教师提供教学咨询和培训，学习与传播先进的教学理念和方法，支持教师进行教学改革和创新，健全统一的课堂教学规范，营造高校质量文化，从而提高全校教学质量。教学支持中心应设有教学设计人员，直接服务一线教师和教学改革。另外，高校层面还要设立质量管理部门，负责收集、整理、分析、汇报全校教学信息，为高校内外部教学评估提供信息支持。包括系统收集和分析全校教学运行方面的信息，以支持本校教学方面的决策；外部认证评估时，代表高校做好信息支持方面的工作。高校层面还要求做好全校所有专业的通识教育建设规划，满足不同专业学生的通识教育能力要求。学院层面应做好专业培养方案，根据专业人才培养的能力要求设置专业公共管理学课程体系，并负责实施。而教学基础层组织则强调组织落实公共管理学课程教学任务，保证教学质量。

上述的职能要求必须落实到责任人。高校的分管教学副校长应在教学基本制度、公共课排课、学籍管理和教学资源等方面对高校教学管理职能部门予以指导和监督。专业负责人对院长负责，可设专业秘书负责专业与公共管理学课程之间的协调。院长负责监管专业质量及资源配置。专业必须符合高校规定，高校定期对专业进行审查。对于达到基本质量标准和有竞争力的专业都应给予支持，反之则停办。教学基层组织，如系或教研室的任务是支持教师做好教学工作，监督课堂教学质量，负责处理所有和课堂教学有关的问题，并负责安排教师工作、教师年度工作绩效评价，负责维持日常教学秩序。教师应认真上好每堂课，关心学生成长和发展，完成规定的教学工作量。

2. 以学生能力培养为核心的能力界定机制

对学生能力培养的清晰界定是公共管理学课程体系设计的重要环节。不同层次、不同类型和不同高校的办学定位以及不同专业，决定了学生的通用能力和专业能力各有侧重。2017 年 8 月，MIT 实施的"新工程教育转型"（NEET），提出的认知思维方式包括：①制造；②

发现；③人际交往技能；④个体技能与态度；⑤创造性思维；⑥系统性思维；⑦批判性思维与元认知；⑧分析性思维；⑨计算性思维；⑩实验性思维和人本主义思维。强调对学生认知思维方法的训练，使学生适应未知环境和具备解决问题的各种能力。可见，注重培养大学生能力已成为高等教育处于全球领先水平的高校十分重视的教有改革内容。

对学生通用能力和专业能力的界定，一方面要考虑该专业的外部评估和认证标准；另一方面也要考虑高校的专业优势和特色。先确定培养目标，然后再确定毕业要求中反映的学生毕业时应达到的通用能力和专业能力要求。不仅要根据社会经济发展对人才的要求，而且还要根据用人单位、校友等调查和数据分析，科学合理地界定学生能力。这个过程也需要任课教师积极参与。能力界定需要按照一定的流程进行，确保人才培养目标的实现。

3. 满足教学需要的资源分配机制

高校内部建立满足教学需要的资源分配机制也是公共管理学课程体系管理的重要保障。这里所说的资源主要包括两个方面：一是教学队伍，二是教学条件。高校的资源分配机制，一方面要满足基本的教学需要，另一方面则要向优势专业和公共管理学课程倾斜。合理协调运用问责机制和市场机制，合理管控和下放办学自主权。

首先，合理运用问责机制守住底线，确保教学所必需的资源。在教学队伍方面，高校要按照《本科专业类教学质量国家标准》要求，合理配置师资规模与结构，以保证培养目标、公共管理学课程设置和教学时数、学生规模对本科专业教师的数量和质量要求。同时，在保证专任教师质量的基础上，聘请一定数量的兼任教师，并保证兼任教师的教学资格和教学水平符合教学要求。高校还要为教师提高教学能力和专业发展创造条件，并确保教师的教学工作量以满足教学需要。在教学条件方面，高校应当为学生和教师提供能够满足教学科研需要的信息资源，提供必要的设施和设备，并确保生均教学经费的投入。其中，生均教学经费的投入至关重要，特别是实验、实习经费等，必须达到生均教学经费的基本要求。保证生均拨款比例占教学经费的大部分，按项目拨款的比例应占小部分，而不能本末倒置，以确保专业有足够的办学经费。高校只有运用好问责机制，才能确保满足教学需要的资源落实到位。

其次，合理运用市场机制调动专业建设的积极性，争取更多的教学资源。专业是整个内部教学质量保证体系的重点，需要运用市场机制强化优势专业，办出特色。市场机制主要表现在专业设置管理、资源配置和专业建设管理等方面。专业设置管理方面，在保证国家发展战略需求的前提下，根据高校办学定位，合理设置和调整专业结构，满足社会经济发展对人才培养的需要。对于有办学积极性又有办学实力的专业要积极鼓励，加大投入。资源配置方面，在保证每个专业基本办学资源的前提下，将资源向优势专业倾斜，从而保持高校的专业特色。专业建设方面，鼓励教师积极参与专业建设和教育教学改革，将更多的时间和精力投入本科教育教学中，上好每堂课，关爱每个学生。

（二）公共管理学课程体系的保障机制

高效的公共管理学课程体系保障机制是实施教学管理、提高执行有效性的基础。围绕公共管理学课程体系运行和公共管理学课程教学，需要建立"目标、公共管理学课程、教学、评价"一体化设计机制、基于大数据的公共管理学课程教学过程质量常态监测机制、以"学"为中心的公共管理学课程质量持续改进机制，以及教学督导、专项评价和数据监测联动机制。

1. "目标、课程、教学、评价"一体化设计机制

首先，高校要提出特色鲜明的教育教学目标，在高校使命、通识教育、专业教育、课程教学等方面的目标与标准要清晰，并建立明确

的质量评价要求。将质量目标、培养目标、公共管理学课程教学目标有机联系起来。通过"质量目标—管理职责—资源管理—过程管理—监控分析和改进"的外循环，建立高校内部质量保证体系；通过"培养目标—毕业要求—课程体系—师资和教学条件—持续改进"的中循环，建立公共管理学课程体系的质量保证；通过"公共管理学课程教学目标—公共管理学课程教学内容教学方法—公共管理学课程教学—公共管理学课程考核评价—教学改进"的内循环，建立公共管理学课程的质量保证。

其次，在"目标、公共管理学课程、教学、评价"一体化设计过程中，要体现系统论思想和全面质量管理思想，建立培养目标和毕业要求、毕业要求和公共管理学课程体系之间的矩阵关系，同时，协调和处理好通识教育和专业教育、专业教育和公共管理学课程教学之间的关系。鼓励教师参与专业培养方案的制订，确保他们对专业质量的责任心。在确保质量前提下，设置的必修公共管理学课程应尽可能少，避免内容重复，并充分利用教学资源；要明确每门课程的贡献与责任；明确各门公共管理学课程之间的配合关系；公共管理学课程必须覆盖到专业的所有毕业要求。只有建立一体化设计机制，才能保证公共管理学课程体系质量和公共管理学课程质量。

2. 基于大数据的公共管理学课程教学过程质量常态监测机制

首先，公共管理学课程教学大纲应提出明确的学习成果及衡量评价方式。各个环节，用什么方法教学，用什么途径和什么方法进行成效检验，以保证教学目标与学习成效的对应关系。公共管理学课程教学过程中，学生的形成性评价由哪几部分组成？每种形成性评价的评价标准是什么？对应评价学生的哪些能力？这些都是教师在公共管理学课程教学大纲和教学设计时应予以考虑的问题。

其次，应充分利用现代教育技术和信息化手段，建立基于大数据的质量常态监测机制。数据的产生、收集、分析和反馈须由一套机制予以确立。数据来源一是由公共管理学课程教学过程中直接产生的数据，二是由问卷调查、访谈所得到的间接数据。通过管理信息系统反映数据收集情况，根据需求进行数据挖掘和分析，并将结果通过不同渠道反馈给教师、学生和管理者。通过常态监测机制的建立，帮助教师提高公共管理学课程教学质量，帮助学生完成学业，为学生提供预警、学习支持等服务，帮助管理者提高科学决策的水平。

3. 以"学"为中心的公共管理学课程质量持续改进机制

首先，以"学"为中心体现在以学生学习为中心。通过教师的"教"和学生的"学"以及师生互动，使学生获得学习成果所要求的知识、能力和素养。通过公共管理学课程教学过程质量常态监测的数据分析结果不断改进公共管理学课程质量。持续改进机制的建立，有利于定期开展公共管理学课程评价，确定公共管理学课程评价内容、评价方式、评价标准，并将评价结果用于提高公共管理学课程教学质量。

其次，以"学"为中心体现在以学生学习成果为中心。通过学生的学习以及对学生学习成果评价，考查学生掌握知识、发展能力和提升素养的程度。通过学生对本门课程的访谈和问卷调查，了解学生在学习过程中遇到的困难，从而有针对性地给予学生帮扶，改进教学方法、提高教学效果。

最后，以"学"为中心体现在以学生发展为中心。通过公共管理学课程学习，培养学生伦理道德、终身学习能力、沟通能力、团队合作能力、批判性思维和国际视野，使学生具备可持续发展的能力。在公共管理学课程教学中融入育人的元素，为学生的可持续发展打下坚实基础。因此，公共管理学课程质量的持续改进也应包含对学生非技术性毕业要求方面。

4. 教学督导、专项评价、数据监测联动机制

首先，高校要明确各级管理主体以及相应的责权利，并且要明确相应的绩效要求或是绩效考核评价标准。只有采用适当的工作机制，

才能确保质量保证体系能自行发挥作用。这种工作机制应与教学督导、专项评价和数据监测联动机制相协调。教学督导的作用从"督"转向"导"，从关注教师的"教"转变为关注学生的"学"。专项评价的重心从院校评估转到专业评估和公共管理学课程评估。数据监测的重点也从关注结果转向关注过程和结果。因此，督导、评价、监测三者的联动是建立在绩效考核的基础上，并且真正体现以学生为中心。

其次，教学督导、专项评价、数据监测联动机制还应体现全员参与的特点。教学督导工作要覆盖全体教师和所有公共管理学课程；专业评估和公共管理学课程评估等专项评价工作应在一定周期内覆盖到所有专业和公共管理学课程；数据监测应覆盖到所有教学环节和教学过程。督导、评价、监测三者之间不能脱节，数据要能相互印证，整体相互关联，从而保证公共管理学课程体系、公共管理学课程的正常运行。

第五章

高校公共管理学课程体系
预评价指标与运行机制

第一节　公共管理学课程体系预评价的指标体系构建

一、公共管理学课程体系预评价的分类

高校开展公共管理学课程体系预评价是高等教育内涵式发展的必然选择，也是保证人才培养质量的重要手段和评价工具。就高校而言，公共管理学课程体系预评价是事前评价，一般可以分为两类：第一类，专业培养方案实施前的预评价；第二类，外部专业评估（认证）实施前的预评价。

（一）专业培养方案实施前的预评价

专业培养方案实施前的预评价主要是指两种评价：一是新专业开设前的预评价，二是专业培养方案实施前的预评价。

1. 新专业开设前的预评价

高校开设本科新专业之前，首先需要了解社会经济发展以及国家、区域发展对该专业的人才需求，分析本校开设该新专业的师资队伍、办学条件等情况，了解该专业在全国校的布点情况等。其次，根据高校办学定位和社会需求，制定新专业的培养目标和毕业要求，明确学生的学习成果，设置公共管理学课程体系和公共管理学课程教学大纲，配置教师队伍和教学条件。最后，组织开展新专业公共管理学课程体系的论证性评价，评价结果一方面用于新专业申请材料的修改，另一方面用于指导新专业建设的各项筹备工作。

2. 专业培养方案实施前的预评价

专业培养方案制订后、实施前，高校需要按有关规定组织由专业教学指导委员会成员、同行专家、行业代表、教师和毕业生代表等利益相关者进行预评价，旨在判断专业培养目标的设计是否合理，毕业

要求是否能满足培养目标，公共管理学课程体系的设计是否能够支撑毕业要求的达成，以及公共管理学课程教学大纲的设计能否实现公共管理学课程教学目标。同时，也考虑教师队伍和资源条件的配置情况。这种专业公共管理学课程体系实施前的论证性评价，其实质是对专业人才培养蓝图的设计合理性进行评价，以保证其实施后学生的学习成果能达到毕业要求，最终满足人才培养目标。

（二）外部专业评估（认证）实施前的预评价

外部专业评估（认证）是由政府、社会或第三方机构按照相应的专业评估（认证）指标对专业的办学质量进行评估或认证。在专业评估（认证）实施前，专业需要对公共管理学课程体系进行自我评价，从而为正式接受外部专业评估（认证）做好准备。一般而言，有两种情况：一是专业在评估（认证）前的自我评价，二是专业持续改进后的论证性评价。

1. 专业在评估（认证）前的自我评价

专业在正式参加外部专业评估（认证）前，需要对照外部评估或认证标准开展自我评价，撰写自评报告，找到专业自身与标准之间的差距，进行持续改进。通过专业自我评估，一方面为撰写自评报告提供依据，另一方面也为专家现场考查做好准备。外部认证一般由高校外部第三方机构组织实施，以检验申请认证的专业是否达到评估（认证）标准。专业开展外部评估（认证）前的预评价工作，应对照评估（认证）标准的同时，明确专业自身的特色。外部认证实际上是实现各校专业间的实质等效互认，重在保证学生的学习成效。在外部认证前开展公共管理学课程体系预评价，对专业顺利通过认证具有积极意义。

2. 专业持续改进后的论证性评价

持续改进是质量保证的核心理念之一。一方面，通过对在校生、毕业生和用人单位等不同利益相关者的调查反馈，形成对培养目标、毕业要求和公共管理学课程体系的改进要求；另一方面，通过对教与学过程质量保证的数据收集分析，也需要持续改进。综合起来，通过对持续改进后的专业公共管理学课程体系进行论证性评价，从而确定其是否已在原有的问题方面得到改进，改进的情况是否符合要求，公共管理学课程体系实施的可行性以及达到毕业要求和培养目标的适切性如何，等等。然而现实中，此类评价往往被专业所忽视，闭合循环的最后一段往往没有做到位。

二、公共管理学课程体系预评价的理念和原则

（一）公共管理学课程体系预评价的理念

国际上，越来越多的高校已将定期开展公共管理学课程体系预评价作为高校内部质量保证的重要内容。就高校内部而言，普遍将公共管理学课程体系预评价与专业评估相结合，凸显学习成果导向；利用直接或间接的评价工具，收集、分析定量和定性的数据信息，客观评价公共管理学课程体系；重视监控、分析和反馈，以自我评价推动专业建设和持续改进；建立内外部利益相关者参与的协同模式，提高大学治理能力。就高校外部而言，一些国际组织和第三方认证机构通过开展专业认证或质量保证体系认证服务，为高校公共管理学课程体系预评价提供标准参照；国家层面组织制定的学科基准，成为高校公共管理学课程体系预评价的基本要求；区域资格框架、国家资格框架的构建，为专业的跨境互认和校际互认提供依据。概言之，在质量保证视域下高校开展公共管理学课程体系预评价主要聚焦目标适切、能力递进、协同治理和持续改进等理念的贯彻落实上。

1. 目标适切：公共管理学课程体系设置是否符合高校定位、培养目标和毕业要求

高校类型、层次和定位不同，其人才培养目标和质量标准也不相同。质量是个多维的概念，质量的定义是"适切于目的"，或者符合普遍公认的由鉴定或质量保证机构定义的标准。公共管理学课程体系设

置应与高校的办学定位相符合，围绕专业人才培养目标，能够支撑毕业要求，实现分类指导、注重特色，从而达到目标适切。

2. 能力递进：公共管理学课程体系设置是否以学生为中心、以学习成果为导向

学生通过高校阶段的专业学习，保证毕业时达到设定的专业能力要求，实现预期学习成果。学习成果的定义是完成一个学习过程后，学习者期望知道、理解和（或）能够证明什么。通过公共管理学课程体系预评价，重在判断专业所定义的预期学习成果是否能够实现，公共管理学课程体系设置中关注能力达成是否有递进过程，学生完成公共管理学课程体系所设置的公共管理学课程学习和教学过程实施后，其专业能力的预期是否达到毕业要求。

3. 协同治理：公共管理学课程体系设置及预评价是否有利益相关者的多元参与

所谓利益相关者是指，在组织内外部环境中受组织的决策和政策影响的任何相关者，反过来，这些群体也可能影响到组织。公共管理学课程体系设置不仅需要社会、用人单位、教师、学生、校友和同行等内外部利益相关者参与，而且公共管理学课程体系预评价也需要内外部利益相关者的信息反馈，在机制上确保公共管理学课程体系预评价的有效开展。通过内外部利益相关者的协同治理，从而切实提高高校治理能力和治理水平。

4. 持续改进：公共管理学课程体系设置是否基于教与学过程的数据分析和满意度调查

持续改进是全面质量管理"计划、执行、检查、改进"的重要环节。持续改进过程具有顺序性和连续性的特征。全面质量管理强调质量的保持、改进、提高的过程始终是一个螺旋上升的过程，不能停留在原有的水平上。持续改进从教学基层组织开始，依赖于持续、小规模、渐进的变革。基于教学过程数据分析以及学生、毕业生、用人单

位等满意度调查，为公共管理学课程体系设置以及教学组织实施提供持续改进的依据。

（二）公共管理学课程体系预评价的原则

高校公共管理学课程体系预评价属于教育评价的范畴，它的设计和运行既要符合评价对象的发展规律，也要考虑内外部利益相关者的利益诉求。由于公共管理学课程体系预评价目的是自下而上保证公共管理学课程体系合理性和科学性的实践要求，也是改进和提高学生学习成效的现实需要，因此，评价过程中必须遵循一系列原则，使评价有理有据、真实可信。归纳起来，高校开展公共管理学课程体系预评价工作应当遵循逻辑性、导向性、透明性和公平性原则。

1. 逻辑性原则

以学习成果导向为逻辑起点，从学生毕业后五年左右应达到的培养目标来设计学生高校毕业时应达到的毕业要求，分解到知识、能力和素养等方面，并将其对应到每门课程（或实践环节）中，制订公共管理学课程教学大纲，明确相应的教学内容和考核要求。同时，公共管理学课程与公共管理学课程之间的衔接和递进关系应清晰。公共管理学课程体系预评价重在考查、预测学生完成专业培养方案后，是否能达到毕业要求所定义的专业能力。

2. 导向性原则

公共管理学课程体系设置需要有明确的指导思想，坚持立德树人的根本任务，明确专业培养目标和毕业要求，体现高校以人才培养质量为核心的价值观。不仅让人知晓专业为谁培养人、培养什么样的人和如何培养人的问题，而且需要引导学生主动学习，在规定的时间段内完成学业，达到毕业要求；同时，也进一步引导教师开展公共管理学课程教学设计和组织教学，有效帮助学生达到预期学习成果。

3. 透明性原则

专业培养方案、教学大纲等资料应对外公开，做到信息透明，在方便学生选课的同时，也接受社会监督。专业定期开展公共管理学课程体系预评价的信息应向内外部利益相关者公开，鼓励他们积极参与，为公共管理学课程体系的持续改进提出意见和建议。开展公共管理学课程体系预评价之前，专业需要收集来自不同利益相关者的信息，以及教与学过程的各类信息，并将信息的分析结果运用于公共管理学课程体系预评价。

4．公平性原则

公平性主要表现在标准公平、学习机会公平和教学资源公平上。标准化是在教有教学、行政管理等价值生成和创造的过程中以及价值交换的过程中的有限标准的制定、颁行及实施过程。它可以促进现代高等教育的教育教学过程以及结果评价手段等实现程序化和规范化，从而获得最佳的教育秩序和社会效益。公共管理学课程体系设置首先要达到专业和公共管理学课程标准，同时要找到专业教育和通识教育之间的平衡点，在满足专业基本要求的前提下，满足学生个性化需求。开出多样的、灵活性的公共管理学课程，给予学生公平的选课和学习机会。同时，在专业学科之间，在师资配备、教学资源条件方面兼顾公平，为各专业公共管理学课程体系的实施给予充分的条件保障。

三、预评价指标体系的设计思路

开展公共管理学课程体系预评价工作，需要建立清晰、有效的预评价模型，需要构建合理、有效的预评价指标体系，需要规范、高效的预评价方法和程序，更需要健全、有效的制度保障。无论哪种公共管理学课程体系预评价类型，都离不开对其精心设计，并有效组织实施。

（一）预评价模型

公共管理学课程体系预评价模型的建立首先应立足于其逻辑性，要清晰、简明。评价理念上，不仅突出以学生为中心、利益相关者参与，而且还要以学生的学习成果为导向、着力培养学生专业能力，并持续改进。评价内容上，关注于公共管理学课程体系的设计和实施过程的预期。包括培养目标、毕业要求、公共管理学课程体系、教学大纲、师资队伍、教学条件，以及教学过程和持续改进。而所有这些内容须建立在高校适宜的评价环境中。评价环境主要由高校发展战略、质量政策和质量文化、组织机构以及绩效考核等构成，是开展公共管理学课程体系预评价的基础。

公共管理学课程体系预评价模型的建立还必须是行之有效的。这就要求高校根据各自的办学定位和专业特色，根据评价目标和类型，设置合理有效的预评价指标和运行机制。这里提供的预评价模型只是一般意义上的通用模型，供高校在设计预评价模型时参考。为保证评价的有效性，不仅需要保证参与评价人员具有专业性水平，而且还需要保证评价数据来源的真实可靠。数据来源一方面可以来自教与学过程的直接数据，另一方面也可以来自不同利益相关者对人才培养质量评价的调查数据等间接数据，并做到定量分析和定性分析相结合。另外，理想化的状态是能够将公共管理学课程体系预评价工作进行信息化建设和信息化管理，保证其定期开展和数据的有效利用。

（二）预评价指标体系

合理、有效的预评价指标体系是开展公共管理学课程体系预评价的前提。指标体系由评价内容、指标项内涵和权重构成。

就评价内容而言，包括专业培养目标、毕业要求、专业能力、教学大纲、公共管理学课程比例、教学过程以及设计审批等方面，并具有其内在逻辑性，主要体现在知识导向、问题导向和任务导向等三个层面。知识导向的公共管理学课程体系是指公共管理学课程体系中各门公共管理学课程的知识结构是按其内在逻辑系统地组合起来，它强调知识的递进关系，由浅入深。并且，公共管理学课程与公共管理学课程之间也是相互关联，从基础知识、专业基础知识到专业知识，逐步深入。知识导向的逻辑与金字塔型公共管理学课程体系结构相对应。问题导向的公共管理学课程体系是指公共管理学课程体系中的各门公共管理学课程组合以解决某一领域的问题而专门设置，公共管理学课程与公共管理学课程之间的关系是围绕解决问题而设置。任务导向的公共管理学课程体系是指公共管理学课程体系中各门公共管理学课程的组合以任务为导向，重在培养学生完成某项任务的相关能力。问题导向和任务导向的逻辑一般与多柱状结构和嵌入式结构相对应。

就评价指标而言，不同专业领域、不同高校办学定位，其评价指标的侧重点也会有所不同。专业应根据自身特点，确定具体评价指标项和权重。指标项一般反映专业培养目标、毕业要求、专业能力、教学大纲、公共管理学课程比例、教学过程以及设计审批等方面的具体指标内涵。评价指标的7个主要方面包括：①培养目标适应性；②毕业要求可达成；③专业能力可衡量；④教学大纲具体化；⑤公共管理学课程结构须恰当；⑥教学过程重引导；⑦设计审批规范性。培养目标方面包括4个子项，即：①高校定位；②社会和国家需求；③个人发展；④专业领域和职业特征。毕业要求方面包括2个子项，即：①预期学习成果描述，涵盖知识、能力和素质等维度；②支撑培养目标。专业能力方面包括3个子项，即：①支撑矩阵（含培养目标与毕业要求矩阵、毕业要求与公共管理学课程体系矩阵、公共管理学课程教学目标与毕业要求指标点矩阵等）；②布卢姆教育目标分类法；③能力评估量规表。教学大纲方面包括4个子项，即：①公共管理学课程目标；②公共管理学课程目标对毕业要求指标点的支撑；③教学内容和方法；④考核评价标准。公共管理学课程结构方面包括4个子项，即：①通识教育与专业教育；②理论与实践；③必修与选修；④课内与课外学时。教学过程方面包括3个子项，即：①教学自评；②学习评价；③形成性和终结性考核评价。设计审批方面包括3个子项，即：①定期评价；②利益相关者参与；③持续改进。

各评价指标项具有独立性、协调性、可测性和可行性。预评价指标体系要求指标的设置既是合理的，又是有效的。所谓合理性是指设置的指标体系能否用以评价公共管理学课程体系，指标项不缺项，也不多项。而所谓有效性是指设置的指标体系能否对公共管理学课程体系设置科学做出有效评价，能否达到评价目的。

（三）预评价方法和程序

由于参与公共管理学课程体系预评价的评价主体不同，公共管理学课程体系预评价的方法和程序也不同。就评价主体而言，包括三个层面：学院专业负责人、教研室或公共管理学课程群负责人、任课教师。这三个层面应做好相应的自评工作，为公共管理学课程体系预评价收集、分析并提供相应的信息。

1. 任课教师开展教学过程评价

在任课教师层面，主要开展教学过程评价，包括教学自评、学习评价、考核评价及公共管理学课程目标达成情况评价。评价方法有两种：一种是直接源于教与学过程中产生的反映学生学习成效的数据，进行定量评价；另一种是通过对本门课程学生的问卷调查或访谈而得到数据和结果，进行定量或定性评价。这两种评价，均由任课教师组织实施。

对于教与学过程产生的学习成果进行定量评价的程序如下：

（1）确定公共管理学课程目标对应的毕业要求指标点；

（2）确定每项毕业要求指标点的教学内容对应的考核评价方法，包括形成性评价和终结性评价；

（3）教学自评：对自身的教案、教学内容和方法，以及教学效果进行自我评价；

（4）学习评价：对形成性评价的每项内容进行考核评价；

（5）考核评价：通过期末考试等方式进行终结性评价；

（6）公共管理学课程目标达成情况评价：将形成性评价和终结性

评价结果进行整合，确定该门公共管理学课程学生的最终考核评价成绩；根据每项毕业要求指标点对应的权重及考核评价成绩，最终得到该门公共管理学课程的公共管理学课程目标达成情况评价结果。

对于学生问卷调查或访谈结果进行评价的程序如下：

（1）设计本门课程学生问卷调查的量表或访谈提纲，内容主要聚焦学生学习本门课程的学习成效，包括知识、能力和素养方面的收获，同时，对公共管理学课程的课堂教学、课后作业、考核环节，教学资源等各方面提出意见和建议；

（2）问卷调查或访谈可以在学期中，也可以在学期末或公共管理学课程结束后，可以多次也可以一次进行；一般可利用学习平台实施调查；

（3）对问卷或访谈结果进行统计分析；

（4）将分析结果作为公共管理学课程评价报告的重要内容，并对公共管理学课程教学进行持续改进。

2. 教研室或公共管理学课程群负责人开展公共管理学课程模块、公共管理学课程教学大纲评价

教研室或公共管理学课程群负责人层面，主要组织开展公共管理学课程模块、公共管理学课程教学大纲的评价，包括确定公共管理学课程模块中的公共管理学课程之间衔接关系，跨学科公共管理学课程群中公共管理学课程的确定，以及对应的公共管理学课程教学大纲。

公共管理学课程模块和跨学科公共管理学课程群的评价方法可以采用专业能力矩阵图，具体程序如下：

（1）确定公共管理学课程模块对应的毕业要求指标点，即专业能力要求；

（2）确定公共管理学课程模块中的各公共管理学课程对应的毕业要求指标点，包括跨学科公共管理学课程；

（3）确定各公共管理学课程教学大纲；

（4）评价公共管理学课程教学大纲的合理性、可行性；

（5）评价结果用于改进公共管理学课程模块和跨学科公共管理学课程群。

公共管理学课程教学大纲评价的目的是评价其合理性和可行性，具体程序如下：

（1）公共管理学课程教学目标与毕业要求指标点的对应关系是否明确？

（2）毕业要求指标点与教学内容、教学方式和考核评价方式是否对应？

（3）形成性考核和终结性考核的评价标准是否明确？

（4）学习成果是否可衡量？

3. 学院专业负责人开展公共管理学课程体系预评价

学院专业层面的专业负责人做好专业建设，并负责专业公共管理学课程体系设置，开展公共管理学课程体系预评价工作。专业建设是高校办学的基础性工作，对专业质量产生直接影响。而专业公共管理学课程体系设置是专业培养方案的核心，也是开展公共管理学课程体系预评价的基础。

专业层面做好专业建设可从以下几个方面加以考虑：

（1）根据高校办学定位，做好本专业建设规划；

（2）向高校、学院充分争取和利用教学资源，做好师资队伍建设和教学条件保障工作；

（3）对拟开设的公共管理学课程（环节）制订建设方案；

（4）带领任课教师参与并组织实施；

（5）听取行业企业、同行专家、用人单位、校友等利益相关者的意见和建议；

（6）总结并持续改进和做好专业建设工作。

专业层面做好公共管理学课程体系设置，并开展预评价工作。主要程序包括：

（1）做好公共管理学课程体系整体性矩阵，包括：培养目标与毕业要求矩阵，毕业要求与公共管理学课程体系矩阵，公共管理学课程教学目标与毕业要求指标点矩阵等，保证培养目标、毕业要求都有若干公共管理学课程支撑，并达到专业能力培养的要求；

（2）落实公共管理学课程负责人和教学团队，组织做好公共管理学课程教学大纲的制（修）订工作；

（3）公共管理学课程体系设置过程中听取校内外利益相关者的意见和建议；

（4）汇总各方意见，用于修订毕业要求和培养目标，持续改进；

（5）撰写专业公共管理学课程体系预评价的自评报告。

（四）预评价制度保障

公共管理学课程体系预评价指标体系的构建，需要有健全、有效的制度作保障。这些制度对于公共管理学课程体系预评价的开展起到决定性作用。一是需要在高校质量政策上予以支持；二是在高校管理制度上予以保障；三是高校制度设计上有效衔接。

1. 高校质量政策予以支持

高校的质量保证主要基于高校内部的质量政策。高校的使命和愿景决定高校的办学定位，而办学定位又决定高校的质量政策，包括质量目标、管理职责。所谓质量目标，就是高校质量保证应达到的总体目标，各项质量标准或质量要求应与之相符。现代大学建立的大学章程中应体现质量目标，以保证高校内部质量保证体系的建立有法可依。管理职责则是强调在质量保证体系中，相应的职责由不同部门（学院、专业）予以承担，既保证执行项目的落实，又保证监督项目的落实。而质量政策则是高校围绕办学定位，质量目标和管理职责，制订相应的政策制度，从而保证各项质量管理活动的规范性。

2. 高校管理制度予以保障

公共管理学课程体系预评价也是一项质量管理活动，需要高校学院层面建立健全，有效的管理制度予以保障。通过制度规范和约束评价行为，明确要求、落实责任。这些制度应是具体的、可衡量，可实现的、真实的、有时限的。也就是说，公共管理学课程体系预评价制度应相对具体，特别是在学院、专业层面要具有可操作性；预评价的相关指标要可衡量；预评价的方法和程序是可以实现的；预评价的数据来源和过程是真实的；而预评价需要定期开展，形成制度，减少随意性。只有将公共管理学课程体系预评价活动形成制度，才能得到有效的实施和保证，否则，只能是一句空话。

3. 高校制度设计有效衔接

从高校内部来看，公共管理学课程体系预评价不仅涉及高校、学院、专业和教师层面等内部利益相关者，而且涉及教师、学生、校友、用人单位、企业行业等外部利益相关者，评价主体多元，因此，在制度设计上应做到相互有效衔接，保证评价工作顺利开展。从公共管理学课程体系设置、组织实施和教学过程等各环节，应实现"设计—实施—检查—反馈"过程的闭合循环。公共管理学课程体系预评价涉及的指标须与外部专业认证或专业评估标准相契合，但又要高于外部的标准。只有做到制度上相互衔接，才不致出现漏洞和混乱，保证预评价工作的有效进行。

四、预评价指标体系的相关内涵

（一）指标项内涵

1. 培养目标

培养目标适应性。培养目标应与高校定位（研究型、应用型）相吻合。培养目标不仅满足社会需求和服务国家及区域发展战略，同时考虑学生毕业后的个人可持续发展。培养目标应反映学生毕业 5 年左右可服务的专业领域和职业特征。

2. 毕业要求

毕业要求可达成。毕业要求是反映学生通过高校阶段学习，在毕业时具备的知识、能力和素质等专业能力。毕业要求以预期学习成果来具体描述，涵盖知识，能力和素养等三个维度，并与专业的层次和类型相关。毕业要求与培养目标相对应，并通过培养目标与毕业要求支撑矩阵反映，毕业要求应能支撑培养目标的达成。

3. 专业能力

专业能力分层次。专业应做好对学生专业能力的定义和设计，可采用支撑矩阵（含培养目标与毕业要求矩阵、毕业要求与公共管理学课程体系矩阵、公共管理学课程教学目标与毕业要求指标点矩阵等）表示相应的支撑关系。毕业要求与公共管理学课程体系矩阵，又称公共管理学课程取向矩阵，表示公共管理学课程体系支撑毕业要求的程度（高、中、低）；公共管理学课程教学目标与毕业要求指标点矩阵，又称公共管理学课程地图，表示公共管理学课程教学目标对应支撑的毕业要求指标点。

采用能力评估量规表，作为能力评判的标准，来评价某项能力达成的程度。在能力评估量表中，体现公共管理学课程教学目标及支撑的毕业要求指标点，以及各评价等级标准，以便设计和评估学生通过公共管理学课程学习达到毕业要求的程度。

4. 教学大纲

公共管理学课程教学大纲具体化。公共管理学课程（指广义的公共管理学课程，含实践环节）教学大纲应以学生学习成果为导向，明确通过公共管理学课程学习培养学生的专业能力。教学大纲包含的核心要素有：公共管理学课程教学目标，公共管理学课程教学目标对毕业要求指标点的支撑、教学内容和方法、学习成果、考核评价标准等。教学大纲是指导教师教学和学生学习的重要文件，须让教师和学生知晓。

5. 公共管理学课程结构

公共管理学课程结构须恰当。一系列公共管理学课程以一定的结构比例组合在一起，形成公共管理学课程体系。公共管理学课程结构要合理，根据高校定位和专业类型、培养目标和毕业要求，合理设计各类公共管理学课程的比例，包括通识教育与专业教育、理论与实践、必修与选修、课内与课外学时的学分比例，既满足外部专业认证的底线要求，又反映专业特色和满足学生个性化发展需要。

6．教学过程

教学过程重引导。引导教师积极进行教学设计和教学模式改革；引导学生积极学习、主动学习，提高学习成效；引导教师设计合理的公共管理学课程考核评价环节，将作业、项目等形成性评价与期末考试等终结性评价相结合，反映学生的学习成果。

7．设计审批

设计审批规范性。专业应有规范的培养方案设计和审批流程；定期开展培养方案评价，并且有毕业生、用人单位、校友及同行专家等利益相关者参与；评价结果用于持续改进。

（二）预期学习成果描述

预期学习成果是高校公共管理学课程体系预评价的核心要素。相关国际组织或学术团体对高校阶段学生预期学习成果的定义或描述不尽相同，主要体现在知识、能力（技能）、素养（态度）等三个维度上。

1．资格框架中对学习成果的描述

学习成果是指学习者知道、理解并完成学习过程的结果。全球已有150余个国家建立了资格框架。通过设置学习成果等级，使学习者不仅从正规教育体系中而且从正规教育之外获取的知识、技能和能力得到认可。资格框架是最为透明的学习成果认证工具。

（1）知识。工作或学习领域的高级知识，包括对理论和原理的批判性理解；

（2）技能。在工作或学习专业领域，具有先进技能，显示精通和创新，以满足解决复杂和不可预见性问题；

（3）能力。在不可预见的工作和学习背景下，管理复杂技术、专业活动或项目，承担决策责任；承担管理个人或团队专业发展的责任。

2. 专业认证（评估）中对学习成果的描述

对学习成果的描述在专业认证标准中得以充分体现。例如，德国专业认证基本框架（FASPG）要求培养方案明确界定所要实现的培养目标，要求涵盖对就业能力和学生个性发展的培养；要求培养方案涵盖专业知识、跨学科知识以及技术程序和通用能力。另外，高等教育学习成果评估工具也对学习成果进行描述。2016 年 12 月，欧盟推出测量比较欧洲高等教育学习成果的评估框架（CALOHEE），用于评估高等教育学习成果。"评估框架"包含作为学科领域资格框架部分定义的学习成果或描述符，以及其中每一个更精确的学习成果子集。每个子集加在一起，都详细描述了学习成果陈述所涵盖的关键要素和主题。"评估框架"旨在为评估每个学习成果的构成要素提供最适当的战略和方法。CALOHEE 定义的学习成果包括知识技能和更广泛的能力。

（1）理论和方法。通过学习吸收信息的结果，即与工作或研究领域相关的事实、原则、理论和实践；

（2）知识和技能应用。运用知识完成任务和解决问题的能力；

（3）就业能力以及公民，社会参与。在工作或学习环节中以及专业和个人发展中运用知识，技能以及个人，社会的方法和能力。

3. 指标项中预期学习成果的内涵解释

在设计的公共管理学课程体系预评价指标体系中，认为预期学习成果是专业培养方案的核心。预期学习成果是指学生通过公共管理学课程体系或公共管理学课程学习，获得知识、能力和素养的成果，达到预期学习成效。它是教师"教"和学生"学"的核心，也是对公共管理学课程体系进行评价的重要载体。知识是指特定学科专业领域的核心知识（基础知识和专业知识），包括理论和方法论；能力是指学习应用知识和技能的能力，包括解决复杂问题和综合问题的能力，批判性思维能力等；素养是指更广泛的能力和素质，包括提升就业能力、促进个人发展和社会参与能力等。

各专业的预期学习成果可根据高校定位，办学层次，专业类别、培养目标和毕业要求等情况自行定义和描述。

（三）专业能力描述和评估

专业能力是描述学生学习成果的核心，准确理解和描述专业能力十分必要。学生的专业能力包括以自主的、专业的，适当的和有条理的方式处理任务和问题并评估结果的能力和准备。专业能力不仅指向公共管理学课程教学目标，而且指向培养目标。

1. 专业能力及其指标点的界定

在以学习成果为导向理念下，学生毕业时的学习成果反映了学生通过专业学习所必备的知识，能力和素养。因此，需要根据培养目标，界定学生毕业时的毕业要求，即毕业时达到的专业能力要求。毕业要求应能支撑培养目标的达成，二者之间有明确的对应关系。并且清楚地表明支撑知识、能力和素养的教育目标层次。

毕业要求指标点就是对毕业要求的逐条分解、细化，使毕业要求反映的专业能力更为具体和可测量。毕业要求指标点是公共管理学课程结束时应展现的绩效标准，与毕业要求的专业能力应有明确的对应关系。描述毕业要求指标点可由高层次动词和相应内容组成，应呈现具体可测量的预期结果，便于对其进行评价，从而检验毕业要求指标点的达成情况。

在界定毕业要求指标点时，首先应确定专业培养目标，然后再确定毕业要求（专业能力），再将专业能力分解成若干指标点。这就需要综合国家要求，行业需求，高校定位，校友意见、学生发展，参考国际标准并满足国家标准。

2. 高校毕业生应具备的专业能力

大学生在毕业时须具备的专业能力，可分为基本能力和职业能力。

基本能力是从事所有工作都必须具备的能力，职业能力则是从事某一职业所需要的特殊能力。

基本能力是毕业生毕业后一生受用的软实力，也是高校阶段应着力培养的能力。基本能力着重体现一个人的全面素质和能力，是一个人发展潜力的反映。通常，基本能力反映了个体对待社会发展、人际关系、自我发展、多元文化等方面的态度和作为。

随着科技的迅猛发展，21世纪人类正面临着重大挑战。特别是在工程领域，非技术能力越来越显示其重要性。中国工程教育专业认证协会的12条毕业要求通用标准中，有7条涉及非技术性指标，即：工程与社会、环境与可持续性、职业规范、个人和团队、沟通、项目管理、终身学习。由此可见，基本能力在高校人才培养过程中将变得越来越重要。

职业能力是毕业生从事某一领域工作所应具备的特殊能力，它与专业的联系更为密切。不同的专业领域所要具备的特殊能力是不同的，但无外乎取决于对专业知识以及专业技能方法的掌握和深入程度。在工程教育领域，职业能力反映在毕业要求中通常是技术性指标，包括应用数学、自然科学及工程知识解决复杂工程问题的能力，问题分析能力，设计/开发解决方案的能力，研究能力，使用现代工具的能力等。中国工程教育专业认证协会的12条毕业要求通用标准中，有5条涉及技术性指标，即毕业生应达到的职业能力，包括：工程知识，问题分析、设计/开发解决方案、研究、使用现代工具。专业应根据高校自身定位和专业特色来定义毕业生的职业能力。高校的专业培养方案要确保学生在未来职业领域所需的职业能力，高校内部质量保证的作用是确保学生完成培养方案的学习成效。培养方案中的公共管理学课程应以问题为导向在提供高水平的专业知识的同时，提高毕业生的职业能力。

3. 评估专业能力

如何实施有效的专业能力评估，对于评价学生学习成效至关重要。

在学习过程中，一种直接评价方法是用形成性评价的量规表来进行质性评价，对学生在整个学习过程中的表现进行跟踪和评估；另一种评估专业能力的方法是量化评价方法。即基于学生学习过程中数据的形成性评价方法和终结性评价方法。

量规表可以对学生作品、成果等进行等级评定，有助于学生重视平时表现，发挥学习主动性。能力评估量规表应是针对不同能力要求分别进行设计。比如，日本工程教育认证协会关于"应用多样性、与其他领域人协作"能力方面给出了能力评估量表。通过能力量规表评估的过程作用，不仅能促进学生能够主动学习，而且还能促进教师改进教学工作。量规表的设计编制需要教师投入大量的精力，它又是一项系统工程。在能力编制量规表过程中还需要不断讨论和听取意见。

为保证专业能力评价结果的合理性，教师应充分利用信息化手段，基于学生的学习平台，记录学生学习的轨迹，及时反馈信息。通过数据采集、分析和反馈，以利于教学的持续改进。

第二节　公共管理学课程体系预评价的运行机制

一、公共管理学课程体系预评价的运行环境

公共管理学课程体系预评价是高校内部质量保证体系的一个重要组成部分。高校质量保证体系的建立与高校的内外部环境，如高校发展战略，质量政策以及组织机构等有密切的关系。在现代大学制度以及外部质量保证的推动下，高校内部质量保证体系得以建立和不断完善，公共管理学课程体系预评价机制的建立也是大势所趋。事实上，高校的发展战略，质量政策、组织机构以及绩效考核等共同构成了公共管理学课程体系预评价的运行环境，并对公共管理学课程体系预评价的运行产生影响。

（一）发展战略的导向机制

高校的发展战略对高校质量保证将产生根本性影响，对质量保证和公共管理学课程体系预评价起到导向作用。高校发展战略规划中应明确体现质量目标，并且因高校办学定位不同，其质量目标也不相同。应用型大学强调培养毕业生的就业能力，而研究型大学则强调学生学术研究和就业能力培养的平衡。就业能力导向和学术研究能力导向被视为需要利益相关者之间持续协商的问题。就业能力导向反映了教育的工具性目的，而学术研究能力导向则反映了教育的本质性目的。内部质量保证的一个任务就是确保利益相关者（如学生和用人单位代表）参与培养方案，公共管理学课程设计和其他学术研讨过程。高校需要根据自身的战略发展规划对人才培养进行准确定位，把毕业生就业能力达成作为基本要求，把培养学术研究能力达成作为更高要求。在满足经济、社会发展和个人职业发展要求的前提下，提高学生的就业能力和学术研究能力。

高校在治理理念上，从传统的公共治理逐步走向新公共治理，强调竞争、分权和产出，以提高高校的办学绩效。强调资金投入与关键绩效指标之间的联系。因此，质量保证将有利于高校的绩效管理，特别是公共管理学课程体系预评价工作的开展将有助于专业之间在合作的基础上形成竞争，切实提高高校教学质量和水平。

（二）质量政策的保证机制

质量政策反映高校层面教学质量管理和质量保证的制度。一般而言，高校应将质量政策纳入高校的发展战略规划。质量政策不仅限于教学质量方面，在研究领域、经费管理方面也都有所涉及。从国际上看，高校都十分重视从制度建设上确保质量政策的落实，一些研究型大学坚持研究与教学相统一。一方面，高校承诺多学科具有同等质量，为所有学科和专业创造最佳的学习和工作条件，严格执行质量标准的一致性政策；另一方面，高校又将教师和学生视为异质性的个体，通过管理措施促进多样性，保持教育公平和追求学术卓越。

质量政策是落实战略发展规划、实现质量保证的重要基础。高校在质量政策制订过程中，首先需要明确质量目标；其次要做好质量保证的制度设计，包括公共管理学课程体系预评价的设计和实施等文件；再次要定期组织实施并形成闭合回路，做到强制性和自主性相结合；最后将评价结果反馈并持续改进教学，公共管理学课程教学大纲以及公共管理学课程体系的修订和完善。只有在质量政策上加以制度约束，才能对公共管理学课程体系预评价工作的开展起到保证作用。同时，高校层面和专业层面的管理和责任应保持适当的平衡。高校与学院的目标和绩效协议、预算管理和教师发展等制度和措施都将有助于质量政策的制定。另外，高校应将培育质量文化作为质量政策的重要内容，将培育质量文化作为质量保证的理想境界，作为全校教师的共同价值观渗透到教师的行为中，并内化为日常教学的自觉行动。

（三）组织机构的协调机制

组织机构的协调机制是质量保证和公共管理学课程体系预评价实施的必要条件。组织机构的协调机制主要包括三个方面：一是组织质量文化的传播，二是组织质量保证的实施，三是组织质量改进的落实。通过这三个方面的相互作用、协调发展，从而为质量保证工作奠定了基础。一般而言，高校质量保证机构及学院管理人员等构成了协调网格，发挥着协调作用。组织质量文化的传播旨在帮助教师具备质量意识，帮助学院和其他单位负责各自的战略发展规划和质量目标，帮助学生理解质量要求并主动学习。组织质量保证的实施为接受外部认证和实行内部质量保证提供组织保证，开展新教师入职培训，公共管理学课程教学设计、评价调查工具开发以及公共管理学课程评估、专业评估，并承担公共管理学课程体系预评价等任务。组织质量改进的落实主要包括通过教学过程以及问卷调查、访谈等，对数据信息进行收集、分析和结果运用，以不断促进质量改进工作，持续提高教学质量。

公共管理学课程体系预评价的组织机构协调机制涉及公共管理学课程、公共管理学课程体系和专业三个层面。就公共管理学课程层面而言，任课教师需要在本门课程完成以后，对自身教学和学生学习成效进行评价，检验学生学习成果是否达到公共管理学课程教学目标所规定的知识、能力和素养要求。这时候，高校质量保证机构和学院相关管理人员应做好指导和敦促工作，保证任课教师能顺利完成公共管理学课程评价工作。就公共管理学课程体系层面而言，一方面需要定期检验毕业生通过该公共管理学课程体系的学习，其学习成果是否能达到毕业要求所规定的知识、能力和素养要求，也是对毕业要求的达成情况进行评价；另一方面，需要在公共管理学课程体系实施前进行预评价，从而预判公共管理学课程体系设置的合理性。这时候，高校质量保证机构应与学院专业负责人，教研室之间进一步协调，需要公共管理学课程与公共管理学课程负责人的协调，需要基础课与专业课负责人之间的协调，也需要高校与企业之间的协调。只有建立定期、有效的协调机制，才能保证此项工作的顺利完成。就专业层面而言，需要定期检讨专业建设的成效，是否为保证公共管理学课程体系的实施做好基本建设工作，提供优秀的师资队伍和必备的教学设施。这时候，学院与高校各职能部门的协调机制就显得十分重要，包括与教学管理部门，发展规划部门、人事部门以及财务控制部门等，以确保专业的人财物方面的投入，并产生应有的绩效。

（四）绩效考核的奖惩机制

绩效考核是根据考核对象的业绩表现做出的一种问责、奖惩的机制或办法。一些国家，政府通过对高校的绩效指标确定政府对高校的拨款或资助额度，其实质是引入问责和竞争机制，提高单位资金投入的效益，使资金投入发挥最大的作用。对于高校而言，通过内部绩效考核，引导二级学院围绕先前确定的目标开展工作，以最终的结果是否达到目标为依据。在质量保证和公共管理学课程体系预评价过程中，也需要引入绩效考核的奖惩机制，使既定的质量目标得以实现。高校内部与质量相关的绩效考核包含两个方面：一是高校对二级学院工作开展绩效考核评价，二是学院对专业负责人、公共管理学课程负责人和任课教师等开展绩效考核。

高校对二级学院工作开展绩效考核，强调竞争、分权和产出，以提高学院绩效，有助于改进对教学目标和绩效指标的定义，并加强资金与关键绩效指标实现之间的联系。通过使用绩效指标影响高校对学院的拨款，鼓励学院制定自己的发展规划和工作目标，加强学院自我管理和责任担当。同时，目标和绩效协议也有助于质量保证政策的落实。就质量保证而言，绩效考核指标应聚焦人才培养，特别是学生发展、师资队伍、人才培养过程、教学成果、招生就业等方面。在高校内部，学院的发展规划要与高校的总体战略规划相协调，同时促进创新。在学院的目标和绩效协议中，应列出长期发展规划、中期规划以及发展路线图，采取的教学、学习和研究等方面的各项措施以及所需资源，并承诺到期完成的水平。学院的绩效指标要有利于高校关键绩效指标的完成，并给予学院发挥自主性的空间。自主性和问责制对于高校内部绩效考核的成功与否至关重要。

学院对专业负责人，公共管理学课程负责人和任课教师等开展绩效考核，需要明确责任和义务，坚守底线的同时追求卓越。对于专业负责人，公共管理学课程负责人和任课教师的绩效考核指标不尽相同，但又有共性。专业负责人需要承担起专业建设和公共管理学课程体系建设的责任，了解专业发展趋势，充分听取不同利益相关者的意见和建议，积极争取资源，充分调动公共管理学课程负责人和任课教师的积极性，并保持与学院相关职能部门和学院领导的沟通。专业负责人应负责组织确定本专业的公共管理学课程体系，明确各门公共管理学课程对专业的支撑作用。公共管理学课程体系预评价工作的主体是学院专业，并将落实到专业负责人身上。公共管理学课程负责人是教学团队或是公共管理学课程群的核心人物，需要对本公共管理学课程在公共管理学课程体系中的支撑作用有个清醒的认识。应该带领本公共管理学课程教师一起进行公共管理学课程教学研讨，制订公共管理学课程教学大纲，明确公共管理学课程教学目标，教学内容和方法以及考核方式，落实本门课程在公共管理学课程体系中的支撑作用，定义本公共管理学课程的学生学习成果。而任课教师则需要按公共管理学课程教学大纲的要求，认真进行教学设计、备好课、上好课，布置和批阅作业，与学生深入交流和研讨，保证公共管理学课程的教学效果，对学生的学习成果进行形成性考核评价。学院根据专业负责人，公共管理学课程负责人和任课教师的绩效考核结果，进行物质和精神奖励或必要的谈话等，为质量保证和公共管理学课程体系预评价创造良好的氛围。

二、公共管理学课程体系预评价的运行过程

为保证公共管理学课程体系预评价运行机制的正常运转，需要建立逻辑清晰的运行过程、机构职责和工作程序。公共管理学课程体系的控制与改进不可或缺，需要放在高校内部质量保证的整个环境中予以考虑，需要明确高校不同层面角色的相应职责和程序要求，且有管理信息系统予以支持。

（一）公共管理学课程体系预评价的逻辑

以学生为中心，公共管理学课程体系预评价、内部质量保证和外部质量保证这三个体系之间，既自成体系，又相互影响。第一，公共管理学课程体系预评价自身构成一个子系统。在这一子系统中，围绕专业培养目标，进行整体的专业公共管理学课程体系设置，需要对每门课程进行公共管理学课程地图设计，反映在学习成果的知识、能力和素质三个维度上，并通过公共管理学课程体系预评价检查该公共管理学课程体系是否满足毕业要求，符合人才培养目标。公共管理学课

程体系预评价子系统需要持续改进。第二，公共管理学课程体系预评价子系统是高校内部质量保证体系（IQA）众多子系统之一。内部质量保证体系由质量目标，资源管理，教学过程以及监控、分析和改进等四个方面组成。公共管理学课程体系预评价子系统中的培养目标与IQA中的质量目标相衔接，而公共管理学课程体系需要通过IQA中的教学过程得以实现。IQA需要持续改进。第三，内部质量保证和外部质量保证之间需要相互联动和协同。为满足专业认证、专业评估等外部质量保证（EQA）的要求，高校的内部质量保证体系会受到外部质量保证的影响，在满足外部质量保证的同时，适时调整内部质量保证的质量目标，满足高校的高质量人才培养需要，保证教学质量。

公共管理学课程体系预评价的逻辑主线主要包括：

（1）逆向设计：评价专业培养方案制（修）订过程中，是否按"培养目标—毕业要求—公共管理学课程体系—师资队伍和教学条件"的逻辑关系设计公共管理学课程体系；

（2）正向实施：专业培养方案实施是否能实现预期学习成果；

（3）资料齐全：提供必要的教学资料支撑，如：专业培养方案、三类支撑矩阵图，公共管理学课程教学大纲等；

（4）多元参与：评价过程有企业、行业或校外同行专家、教师代表、学生代表参与；

（5）持续改进：评价结果用于专业公共管理学课程体系的完善和持续改进。

（二）公共管理学课程体系预评价的职责

公共管理学课程体系预评价工作的开展，有赖于高校质量保证体系中组织机构和相关职责的落实。高校、学院两个层面明确和承担相应的责任，通力协作，形成良好的公共管理学课程体系预评价机制，并保证其有效运行。

高校层面负责公共管理学课程体系预评价的职能部门可以是教学

管理部门，也可以是教学质量管理部门。首先，高校应将公共管理学课程体系预评价工作纳入高校内部质量保证体系，进行制度化和规范化建设。其次，对培养方案的设计和审批提出具体要求，建立评价程序。再次，建立相应的问责和激励机制，保证公共管理学课程体系预评价工作的落实。最后，搭建信息管理平台，充分利用相关数据分析结果，为实现公共管理学课程体系预评价的信息化管理提供支持。

学院负责组织所辖专业培养方案的制订、预评价以及专业建设，保证专业人才培养质量。一是充分发挥学院教务委员会、专业指导委员会、专业负责人、公共管理学课程负责人等各自的作用，并承担相应的责任；二是定期组织专业做好专业自我评价和公共管理学课程自我评价，为公共管理学课程体系设计和评价做好准备；三是针对教与学过程以及考核评价过程中发现的问题，及时督促任课教师加以改进，并作为教师考评的重要依据；四是做好教学过程质量监控和学生学习体验满意度调查工作；五是组织做好持续改进工作，进一步推动专业、公共管理学课程的教育教学改革，促进教学基层组织建设和教师专业发展。

专业负责人具体落实专业培养方案的制订和教学过程的实施。首先，专业对照高校办学定位，结合社会经济发展对人才培养的需求，对培养目标和毕业要求进行合理设置。其次，合理设置公共管理学课程体系，明确各公共管理学课程对毕业要求的支撑作用，并组织教师修订公共管理学课程教学大纲。再次，组织教师将公共管理学课程地图的内容落实到教学过程中，并制订相应的考核评价量规表。最后，定期评价毕业要求的达成情况以及培养目标的合理性，并依据评价结果对培养目标进行修订，评价与修订过程有行业或企业专家参与。

任课教师将主要时间和精力投入教学工作的同时，教师代表应积极参与公共管理学课程体系预评价工作。一是任课教师参与讨论制订公共管理学课程教学大纲，包括各项教学活动对应的考核评价方式；

二是教师在教学过程中，根据学生学习表现，以及形成性评价标准或量规表对作业、作品、项目等给予评分，并做好终结性考核工作；三是根据学生的学习成效以及对教学过程的意见和建议，进行分析，并将结果用于对公共管理学课程教学过程的持续改进，同时对专业公共管理学课程体系完善提出建设性的意见和建议。

公共管理学课程体系预评价过程中，应鼓励内外部利益相关者积极参与。外部利益相关者包括政府、用人单位、校友、同行专家等，内部利益相关者包括教师、学生、管理人员等。评价过程中，可以对利益相关者有针对性地进行访谈，问卷调查，特别是要倾听各方的声音，了解他们对专业公共管理学课程体系设置的意见和建议，了解社会经济发展需求，并将这些意见和建议反馈到公共管理学课程体系设计和评价过程中。只有根据高校发展定位，各方协同治理，才能制订既符合社会发展需要又能满足学生个人发展需求的专业公共管理学课程体系。

另外，高校职能部门应建立相应的质量监控网络，监督检查是否定期开展公共管理学课程体系预评价工作。对于未按要求开展此项工作的单位，应督促整改，并运用协调和奖惩机制推动公共管理学课程体系预评价工作的开展。

（三）公共管理学课程体系预评价的程序

公共管理学课程体系预评价工作应有一定的工作程序。各高校可根据自身实际，制订相应的工作程序。特别是在资料准备、利益相关者参与的基础上开展公共管理学课程体系预评价工作。首先，将准备充分作为评价的前提条件、在公共管理学课程体系预评价开始之前，需要准备好各相关资料，主要包括：专业培养方案、公共管理学课程教学大纲、社会需求调查报告、毕业生和用人单位满意度调查报告、教学过程监控报告、矩阵图系列（培养目标与毕业要求、毕业要求与公共管理学课程体系、公共管理学课程教学目标与毕业要求指标点）。

公共管理学课程体系预评价过程要公开、透明。主要评价过程包括：①专业负责人进行汇报；②评审人员查阅资料并提问；③形成预评价的具体意见；④专业修改培养方案；⑤修改后的培养方案经学院教务委员会审核后，正式提交高校主管部门；⑥高校教务委员会审批后执行。公共管理学课程体系预评价一方面要强化质量意识，顺应外部质量政策；另一方面要通过内部质量分析，质量对话和质量发展，形成质量文化，适应内部质量环境。其次，将利益相关者参与作为评价的必备条件。除了学院和专业负责人，教师代表外，学生、毕业生、用人单位、校友及同行专家等利益相关者代表应参与到公共管理学课程体系预评价中。国际公认的质量保证标准均将利益相关者有效参与高校质量活动列入其中。

（四）公共管理学课程体系的控制与改进

控制与改进是质量保证中必不可少的环节，也是质量保证的目的所在。控制是保证各项质量活动达到预期效果的职能。控制程序中，第一步是制订工作标准，第二步是对照这些标准衡量实际工作，第三步是根据标准鉴别偏差，采取行动纠正偏差。公共管理学课程体系的控制就是对照预评价指标，找到实际公共管理学课程体系与标准中存在的差距，并采取行动进行改进。

公共管理学课程体系的控制与改进工作首先因公共管理学课程体系预评价的分类而异，其次应保证质量环节闭合循环，最终的目的是为了持续改进。由于本书将公共管理学课程体系预评价分为两类：一类是专业培养方案实施前的预评价，另一类是专业评估（认证）前的预评价。因此，控制与改进机制也相应地分为两类，一类是前馈控制与改进，另一类是反馈控制与改进。

1. 前馈控制与预防偏差

专业培养方案实施前的预评价，指的是两个方面的预评价：一是新专业开设前的公共管理学课程体系预评价，二是专业培养方案实施前的预评价。从控制论的角度看，由控制系统输送的信息作用结果返送回来，并对信息的再输送产生影响，即根据上一个信息的结果成为下一个信息的一部分。在实施前对即将出现的偏差有所认识，及时采取措施预止问题称为前馈控制。通过前馈控制，把控制工作做在事前，不是纠正偏差，而是防止出现偏差。因此对于公共管理学课程体系的前馈控制，必须对整个公共管理学课程体系有透彻的分析，建立前馈控制的模式，注意它与现实情况的吻合，并输入变量数据，估算和预测它对预期目标和成果的影响，并采取措施以保证最后的结果符合需要。

公共管理学课程体系的前馈控制十分重要。对于实施该公共管理学课程体系的学生而言，开弓没有回头箭，人才培养过程中产生的问题不能从头再来，因此，在培养方案实施前开展公共管理学课程体系预评价，就能预先发现问题，并采取预防措施，保证人才培养目标、毕业要求和公共管理学课程体系设置的合理性，从而保证人才培养的质量。

2. 反馈控制与持续改进

专业评估（认证）实施前的预评价，也有两个方面的预评价：一是专业在评估（认证）前所进行的自我评价；二是专业持续改进后的论证性评价。这时，控制是发生在执行之后，与控制标准进行比较，发现偏差、分析原因，并拟定纠正措施以防止偏差进一步发展，这就是反馈控制。

对于公共管理学课程体系的反馈控制，在高校管理中较为常见。比如，高校在进行专业评估或专业认证之前，对照评估（认证）指标进行自我评估，发现问题及时改进。相比前馈控制而言，反馈控制不是最好的控制，但是被广泛使用。高校通常利用反馈控制的结果通常形成专业自评报告，质量报告或绩效评估报告，并及时采取改进措施，为高校正式迎接外部专业评估（认证）做好铺垫，也下一步的科学决策和持续改进提供依据。

对公共管理学课程体系的前馈控制与反馈控制进行比较，可以更好地理解两种反馈机制的作用。

（五）公共管理学课程体系预评价的管理信息系统

公共管理学课程体系预评价工作需要管理信息系统的技术支持。一般而言，该系统应由三部分组成：一是学习管理系统，二是问卷调查系统，三是公共管理学课程体系评价系统。评估工作要始于对教学的关心和好奇心，以提高学生学习成果为目的，用信息收集和教学研究为依托，积极调动和促进校内各部门有效的交流和合作，让评估成为提高教学的助力和分享成功的平台。

1. 学习管理系统

学习管理系统主要的功能是记录、分析、评价学生在教与学过程中的学习成果和学习表现。学习管理系统在很多情况下也被称为虚拟学习环境，是一套用来管理教务、文案、跟踪、报告和实施教学公共管理学课程或培训内容的软件应用。该系统用以帮助教师把教学材料传递给学生，管理考试或者作业，跟踪学习者学习进展以及管理整个学习记录过程，是连接高校、教师和学生的信息系统。通常，学习管理系统主要包含以下功能：网上注册报名；公共管理学课程管理；公共管理学课程分配；整合多种格式的知识，信息资源；学习评估；学习活动及结果跟踪；生成学习报告；提供学员与学员、学员与教师间的交互沟通渠道；面授培训的管理等。

学习管理系统具备一整套的功能，旨在传递、跟踪、报告和管理学习内容，掌握学生学习进度以及参与互动。该系统由相对独立的功能松散地集成在一起，使用哪些工具来完成学习，完全由学生来掌控，属于自主式学习模式。所谓自主式学习模式强调的是学习者自主学习的行为，更多的是以人本主义的思想为基础，其实质仍然属于自学。自主式学习模式最大的优势是学习者可以享有充分的自由，数字化学习资源可以充分复用，可大幅度节约有限的师资资源。

2. 问卷调查系统

问卷调查系统主要的功能是向用人单位、校友、在校生等利益相关者发放、统计、分析问卷数据。数据采集渠道应多样，包括手机端实时采集数据、手工录入数据、其他管理信息系统对接和导入数据等。数据可按要求和时间节点进行同步、异步更新。数据分析功能要强大，各类数据支持便捷查询、组合分析。可进行历史比较和同类比较、排名，分析结果以图、表等形式展示，实现可视化。可按要求进行量化分析和质性分析。支持多主题、多维度展现报表、报告、图形等。数据应用方面：一是依据数据客观、实时反映各级教学质量状态，为教师改进教学提供依据；二是让各项指标实现常态化、可视化监测，发现问题及时反馈，督促整改，为校内教学质量监控、分析和改进提供数据服务，提高高校管理信息化水平；三是对变化趋势进行分析，实现管理的实时性、准确性、持续性，为高校教学改革和发展提供决策支持。一些高校的问卷调查系统由高校自主研发，根据高校的实际情况赋予一些特殊的分析功能。也有一些高校利用第三方机构开发的调查系统开展问卷调查。

3. 公共管理学课程体系评价系统

专业应建立面向产出的"两个内部机制"：公共管理学课程质量评价机制、毕业要求达成情况评价机制。而这两个机制的落实，需要由公共管理学课程体系评价系统来支撑。评价系统的功能主要包含两个方面：一是对专业毕业要求的达成情况进行评价，二是对公共管理学课程质量进行评价。系统应针对不同角色设置权限，包括教师、公共管理学课程教学团队负责人、专业负责人、学院负责人等。通过公共管理学课程体系支撑毕业要求达成矩阵、公共管理学课程教学目标与毕业要求指标点关联矩阵等设置，以及培养方案，公共管理学课程教学大纲、学生学习成果形成性评价和终结性评价的成绩录入等，以帮助公共管理学课程评价、公共管理学课程体系评价,找出学生的专业能力与预期目标的差距。评价结果,以可视化的方式展现,方便教师改进公共管理学课程教学,也方便进一步修订专业培养方案和公共管理学课程教学大纲。通过公共管理学课程体系评价系统,一方面进行公共管理学课程目标达成度评价,从公共管理学课程的视角对学生的学习效果进行评价,证明公共管理学课程对指标点的贡献是否达成;另一方面,进行毕业要求达成情况评价,从跟踪某届学生的学习轨迹对毕业时的学习成果进行评价,证明学生的能力是否达成。

三、质量文化

公共管理学课程体系预评价是高校内部质量保证体系的重要组成部分。高校的质量保证过程与质量文化之间相互影响,相互作用。质量保证过程推进质量文化发展,而质量文化反过来又促进质量保证过程的规范化和有效性。建设以高质量人才培养为核心的高校质量文化,将有利于内部质量保证体系的完善,特别是促进包括公共管理学课程体系预评价在内的质量保证活动的开展,并使质量意识转化为师生的共同价值观和自觉行动。

(一)从质量保证过程到质量文化形成

质量文化指的是一种组织文化,表现在师生行为中自觉、自律地坚持、维护并不断提高质量。其特征表现出两个不同的要素:一方面,是一种对文化价值或心理要素的共同价值观、信念、期望和对质量的承诺;另一方面,是一种结构或管理要素,具有提高质量和协调个人努力的作用。首先,质量文化促使高校内部师生形成共同的质量价值观,秉持共同的质量信念和期望,并且认可高校对社会的质量承诺。由于质量文化是组织文化的一种表现,它是由独特的文化传统、价值观念和行为规范所形成的氛围,反映出组织最基本的特征,是基于长期坚持的传统和价值观对师生行为的一种韧性约束,因此,师生在日常工作和学习中都自觉或不自觉地融入质量文化，形成共同的质量意识并且规范和约束自身的行为。其次，在质量保证过程中，由于质量文化潜移默化的影响，促使师生为了共同的质量目标努力协调个人的行为。在这里，可以把质量文化看成是质量保证过程的有机组成部分和管理要素。由于质量文化的存在，弥补了质量保证制度某些方面的缺失和不足，起到规范师生行为和保证质量的作用。

质量保证属于高校质量管理方面的范畴，以保证教学质量符合质量目标，这是有形的、可具体实施的活动和过程。而质量文化是师生共享的价值观、信念、期望和承诺，通常是无形的、抽象的但又确实能影响到质量保证过程的实施和价值认同。现实当中，往往有人会认为，质量保证是独立存在的、不受周围环境和制度影响，这种想法是非常危险的。事实上，质量保证体系受到高校质量文化，管理制度和运行环境等各种因素影响，是一个高度相互依赖的复杂系统。由于质量文化属于组织文化的范畴，质量文化的核心是价值观、质量目标、制度和观念、思维方式、价值准则和发展方向等，因此通过质量文化就能影响质量保证的制度设计、过程实施，最终影响到质量保证的结果。

质量文化和质量保证过程是相互关联的。质量文化可以通过刺激共同价值观和信念的结构性决策来实施，而质量保证可以通过质量文化得以有效落实，需要有可感知的价值作为引导。质量文化和质量保证不是一回事，一所高校可能有很好的质量保证，但不一定有高质量的质量文化。将质量保证的结果与提高学生学习体验的质量文化发展联系起来，对于高校来说具有相当大的难度和挑战度。当高校引入质量保证体系后，就意味着新的价值观必须融入组织文化中，形成共识。而质量保证的创建也将从现有的质量文化开始，重新影响和渗透，一旦完成质量保证活动，也将反过来影响和修正已有的质量文化，从而形成新的质量文化。质量保证过程的最终目标就是追求改进质量文化。

因此，可以说，质量文化和质量保证过程是相关影响、相互作用的。

就质量保证过程中的公共管理学课程体系预评价而言，始终需要营造师生共同的质量文化，形成共同的价值观和信念，主要包括：①开展公共管理学课程体系预评价的必要性形成共识；②内外部利益相关者应积极参与公共管理学课程体系预评价过程；③将成果导向的理念落实到公共管理学课程体系和教与学过程是评价的核心；④以学生为中心，形成持续改进的质量环；⑤定期开展质量对话和质量决策。只有形成了共同的质量文化，才能在日常教学活动和质量保证活动中，一以贯之地坚守，最终达成质量目标。

（二）从质量文化功能到质量文化营造

质量文化代表高校师生的共同意识、价值观和行为规范和准则，它对高校师生的行为和态度具有持久的，顽强的和有效的影响作用，最终使高校形成总体的行为倾向，有利于实现高校的办学目标。就质量文化功能而言，质量文化一般具有导向性，规范性，约束性、凝聚性等功能。第一，质量文化的导向性是指高校的师生具有共同的质量价值取向和行为取向，对师生产生感召力，从而促进高校质量目标的实现。第二，质量文化的规范性是指与质量相关的规章制度和师生的行为准则符合高校整体战略规划和质量目标。大家为了共同的目标而具有共同的价值取向和行为规范。第三，质量文化的约束性是指对高校师生的行为有约束和示范作用，将质量意识内化为大家的自觉行动，保证行为的有效性。对于违反共同的行为规范和准则的行为，都会受到大家的不屑和否定，难以融入集体。第四，质量文化的凝聚性是指使师生对质量目标、准则、价值观念有"认同感"，并为实现高校目标而产生很强的凝聚力、吸引力，从而会有集体荣誉感，并珍视已有的成果。同时，质量文化也促使师生的个人行为与高校的整体目标保持一致性。另外，质量文化也不是一成不变的，随着社会经济文化的发展，高校质量文化也会随之发生变化。

　　质量文化对公共管理学课程体系预评价等质量保证活动将发挥积极作用。高校通过质量文化的营造，促进公共管理学课程体系预评价等质量保证活动的有效开展，在增强师生的凝聚力，提高质量管理水平、弘扬大学精神、提高教师的教学质量、增强社会责任方面起到积极的作用。一是质量文化成为高校的生存基础和发展动力。高校在坚守质量底线的同时，倡导师生共同追求卓越，这为高校的生存和发展筑牢了根基。二是质量文化成为高校久盛不衰、不断提升质量的重要条件。在传承与创新中，高校的质量文化得以不断延续和发展。三是质量文化成为现代大学治理的灵魂和最终目标。大学治理需要融入质量文化，并且以形成师生共同追求的质量文化为终极目标。四是质量文化成为大学师生共同的行为准则和核心认识。通过质量文化建设，提高高校内部对质量文化的认识，并促进开展内部质量保证活动以提高质量水平。质量文化的营造，势必有利于公共管理学课程体系预评价等质量保证工作的开展，比如：教师将会更关注评价工作，通过公共管理学课程体系预评价从而有利于自身公共管理学课程教学的改进；专业负责人将会主动要求开展公共管理学课程体系预评价活动，以保证专业培养目标的实现；学院将会支持开展公共管理学课程体系评价工作的开展，为专业建设提供强力支撑；高校职能部门也将公共管理学课程体系预评价视为质量保证的重要内容，督促和支持学院专业定期开展。同时，质量文化的氛围也会促使质量保证活动分散到日常教学和管理活动中，变为师生的自觉行动。

（三）从质量意识树立到质量文化培育

　　高校在建立质量保证体系过程中，需要引导全体师生共同树立质量意识，营造和培育质量文化氛围。全体师生树立质量意识，是建设校园质量文化的必经之路。首先，需要解决大家对于质量定义的理解问题。通常，教学人员、研究人员与质量保证人员对"质量"会有不同的定义。管理者在质量意识的形成过程中，需要谨慎对待教师使用的相当直观的质量定义，并与在质量保证中使用的质量定义结合起来，这样才不致于教条化、官僚化。其次，需要引导高校逐步从质量意识过渡到质量文化。在质量文化的形成和培育过程中，应该主要关注以下几个方面：①形成以提高人才培养水平为核心的质量文化；②形成反馈和持续改进的质量文化；③质量文化应尊重规范性、多样性和透明度；④鼓励内部全面质量管理而不仅是符合外部要求的质量文化；⑤培育为学院和部门的分层次质量保证需求留出空间的质量文化。最后，从质量意识到质量文化的形成，意味着从个体到整体、从朦胧到清晰、从临时到定期的演变过程，需要长期的坚守和实践，不断总结和提炼，形成符合大学自身特点的质量文化。当然，质量文化的培育过程与高校所处的环境、传统和办学特色还是有很大的联系，培育的关注点也不能一概而论。

高校质量文化培育是深层次问题。由于质量文化是无形的、抽象的，将质量文化应该内化为全体师生的内生意识，变为师生的自觉行动，会存在相当大的困难。高校需要调动师生的积极性，增加师生的责任感和荣誉感，把动力传导到师生身上，关注内部质量保证体系建设，扭转质量保证完全依赖外部评估（认证）的局面。质量文化必须阐明高校在教学、研究和社会服务等方面的质量责任，并且需要依赖于制度、政治和文化背景建立质量目标。要让师生明白，没有一种绝对正确的质量文化存在，因为文化总是与环境紧密相关，在一所高校内部可能有几种质量的亚文化。另外，高校要兑现质量承诺，质量保证过程的后续活动如果没有实施，那么建立和维持高质量的质量文化将是非常困难的。例如，师生如果没有看到来自内部质量保证过程的积极结果，他们会产生沮丧和愤世嫉俗的情绪，导致对质量文化的不利影响。现实中，学生正式参与质量保证过程的程度会有所不同，学生不愿参与的现象较普遍。他们认为，自己对公共管理学课程和公共管理学课程体系的反馈，受益者往往是下一届学生，他们自己可能并不会从调查反馈和建议中获益。因此，鼓励学生参与质量保证活动对于高校质量管理部门来说也是一种挑战。

（四）从质量活动到质量文化发展

高校应将质量文化理念融入日常活动中。质量文化意味着所有利益相关者都认为自己对质量负责，并参与高校所有的质量保证活动。质量保证的目的、方法和工具可以支持学生，教师和管理层之间形成质量文化。高校的质量政策要特别关注校级质量保证部门与学院、行政部门之间的责任平衡，并通过各自的目标和绩效协议落实责任。学院负责并实施专业培养方案的质量保证，并在教与学过程中体现创造性，在提高质量的过程中建立信任。高校质量管理不是一个单独的过程，而是高校管理的一个组成部分。高校应将质量与学位公共管理学课程紧密联系起来，改进学位公共管理学课程要成为高校质量活动的关键。高校在公共管理学课程设计、开发和管理以及质量保证方面要建立清晰的共享治理流程，高校和学院共同负责培养方案的日常管理。对高校而言，真正的挑战是把质量放在日常工作的每个阶段，这样对工作的影响就更为均衡。高校要将标准管理过程与质量保证活动相关联，并融入日常活动中，从制度约束走向质量文化。

持续的沟通是质量文化的基本原则，定期讨论和循证决策有利于质量文化发展。首先，定期讨论质量会培养一种面向质量的组织态度，即"质量文化"。通过质量管理部门与学院，专业负责人的质量讨论，通过专业负责人与任课教师的质量讨论，进一步明确问题、分析问题，达成共识。其次，使所有利益相关者的管理决策过程更加全面，体现管理决策的循证特征。当内部质量保证系统有新的变化时，必须重新启动质量对话。当内部质量保证在促进高校关于质量发展的思想和讨论方面的作用时，质量对话"是发展质量和思考改进措施的良好基础"。通过质量对话，基于事实证据进行决策活动，就能保证决策的科学性、可操作性，也为大家统一思想、达成一致提供了有效途径。

（五）从整合内部力量到质量文化建设

质量文化建设需要整合高校内部力量。在质量保证过程中，应促进所有利益相关者参与，提高高校对质量的承诺仍是一项具有挑战性的任务。质量保证不是由特定的方法和工具来定义的，而是由其目的来定义的。质量文化意味着所有这些利益相关者都认为自己对质量负责，并参与机构所有部分的质量保证。质量文化实施的最大挑战是将自上而下的领导和管理方法与自下而上的方法相结合。同时，大学要为学生创造良好的学习环境，要使教师有发展教学和研究的空间，增强他们的主动性和责任感，参与质量保证活动和质量文化建设。教师的"教"归根到底是为了学生的"学"，教师可以是教师教学发展活动的事实主体，但价值主体仍是学生。高校要营造教师学习群体，形成共同反思、分享、提高的文化氛围。然而，自上而下的领导和管理方法在高校中做得还不够充分，高校领导需要正式参与质量保证过程，质量文化需要克服"纸上谈兵"的弊病，从简单的质量保证评估结果转移到真正有效的管理决策和承诺上。另外，质量文化的"共享价值观、信念和承诺"意味着需要整个高校师生共同参与。

为提高高校内部质量保证的有效性，需要全员参与质量文化建设。高校的内部质量保证要有强有力的管理信息系统支持和浓厚的质量文化氛围。一方面，高校内部信息收集过程需关注内在文化冲突对于信息收集的博弈。大学通过管理信息系统收集来自教与学过程的信息、问卷调查的信息以及教学管理过程产生的信息，并且是合法、有效和循证的信息。收集、处理和有效利用信息，进行数据分析，增加信息的透明度，为质量改进和科学决策提供支撑。另一方面，质量保证和持续改进的责任在于高校本身，强调大学重视质量文化建设。质量文化是一种价值观，所有的利益相关者都对质量负有责任，把保证质量作为自觉意识和行动。高校内部质量保证体系旨在创造一种质量文化，通过各种反馈循环确保沟通和学习，并以质量分析、质量对话和质量发展为基础，以质量对话为核心。另外，将质量保证纳入日常活动中，也有利于质量文化的形成。我国高校质量保证体系建设过程中，应强调质量文化建设，并质量保证融入日常管理，形成质量文化和价值观。

高校教学改革的实施效果取决于创造持续质量对话空间的能力。质量文化的形成必须解决三个层次问题：一是方案，组织过程和结构；二是价值观、战略、目标和哲学；三是无意识的，被公认为是理所当然的信仰和观念。高校内部质量保证只有服务于这三个层次，鼓励内部成员积极参与质量活动，才有机会真正形成质量文化。也就是说，建设质量文化的唯一途径是通过说服高校内部成员，通过分析他们日常教学工作的过程，使他们可以有所收获。高校要将其战略目标以及如何实现这些目标的信息公开，确定一个有效和透明的沟通战略，尤其是除了内部成员外，还要与外部利益相关者进行有效沟通，以推进他们认同高校追求的质量文化。另外，就公共管理学课程体系预评价而言，专业培养方案及其组织单位要接受持续的质量保证，仔细检查其内容和结构，采取学生评估、教师调查、跟踪研究和机构评估等工具，为评价过程提供信息，确保高质量的质量文化建设。

参考文献

[1]常永华.公共管理学[M].西安,陕西师范高校出版总社,2019.

[2]史云贵.公共管理学新编[M].成都:四川高校出版社,2019.

[3]郭剑鸣,叶伟巍,裴志军.公共管理学[M].北京:高等教育出版社,2019.

[4]张康之,郑家昊.公共管理学[M].北京:中国人民高校出版社,2019.

[5]黎民,倪星.公共管理学[M].北京:高等教育出版社,2019.

[6]高玉娟,秦利,李新.公共管理学[M].哈尔滨:东北林业高校出版社,2019.

[7]陶庆.新公共管理学范式[M].上海:上海社会科学院出版社,2019.

[8]于鹏,范世炜,祝哲.公共危机管理学学科前沿研究报告[M].北京:经济管理出版社,2019.

[9]方明,张南红,叶舜.管理学原理与实践[M].北京:清华高校出版社,2019.

[10]赵宇峰.公共管理学[M].西安:西安电子科技高校出版社,2018.

[11]倪星,付景涛.公共管理学 第 3 版[M].沈阳:东北财经高校出版社,2018.

[12]孙晓红.公共管理学[M].长春:吉林文史出版社,2018.

[13]郑代良,姜又春,宋曙光.公共事业管理专业综合实训教程[M].成都:西南交通高校出版社,2018.

[14]许叶萍,李砚忠.公共管理案例[M].北京:北京邮电高校出版社,2018.

[15]王建民,于海波,李永瑞.公共管理新论[M].北京:知识产权出版

社,2018.

[16]张良.公共管理学[M].上海:华东理工高校出版社,2017.

[17]李军鹏.公共管理学[M].北京:首都经济贸易高校出版社,2017.

[18]孙健.公共管理学[M].武汉:华中科技高校出版社,2017.

[19]安仲文,高丹.行政管理学 高等公共管理 第3版[M].沈阳:东北财
经高校出版社,2017.

[20]张长立.公共管理学[M].徐州:中国矿业高校出版社,2017.

[21]陈振明.公共管理学原理[M].北京:中国人民高校出版社,2017.

[22]阿海曲洛,邹新艳,李天兵.公共管理学跨学科研究[M].成都:四川
高校出版社,2020.

[23]何修猛.现代公共关系学(第四版)[M].上海:复旦高校出版
社,2020.

[24]王征孜,邱环.公共管理学[M].哈尔滨:黑龙江教育出版社,2020.

[25]刘萍,王曙光,刘西涛.公共管理学[M].北京:经济科学出版
社,2020.

[26]李星颖,杨小乐,李光明.公共管理学与研究方法[M].北京:中国商
务出版社,2020.

[27]周峰,罗微.公共管理学[M].北京:科学出版社,2020.

[28]骆小平,黄建钢.积极的公共心理管理学[M].南京:江苏人民出版
社,2020.

[29]丁芳盛,黄建钢.积极的社会心理管理学[M].南京:江苏人民出版
社,2020.

[30]唐任伍.公共管理思想史[M].北京:商务印书馆,2020.